Moim dzieciom

Moim dzieciom

Nauki duchowe

Śri Mata Amritanandamaji

Mata Amritanandamayi Center, San Ramon
Kalifornia, Stany Zjednoczone

Moim dzieciom

Oryginalne tłumaczenie z malajalam na język angielski wykonał: Swami Ramakrysznananda Puri

Wydawca:

Mata Amritanandamayi Center
P.O. Box 613, San Ramon, CA 94583
Stany Zjednoczone

——————— *For My Children (Polish)* ———————

Strona internetowa w Polsce: www.amma-polska.pl

W Indiach:

www.amritapuri.org
inform@amritapuri.org

Spis treści

Przedmowa   7
Zarys życia Ammy   13
O Ammie   17
Guru   23
Bóg   33
Mahatmowie i Boskie Wcielenia   44
Pisma święte   50
Wiedza, oddanie, działanie   55
Pranajama   65
Medytacja   68
Mantra   76
Dżapa i bhadżan   79
Przestrzeganic ślubów   85
Cierpliwość i dyscyplina   89
Skromność   92
Samolubstwo i pragnienie   95
Pożywienie   99
Brahmaczarja   104
Sadhaka i sadhana   107

Sadhaka i rodzina   126
Dla utrzymujących rodziny   130
Wolność od smutku   145
Wasany   149
Siddhi   153
Samadhi   155
Stworzenie   160
Racjonalizm   164
Cytaty wybrane   166

Odpowiedzi na pytania   **171**
Bóg   171
Świątynie   176
Mantra   187
Obrzędy   190
Ryszi   191
Dewi Bhawa   194
Miłość   197
Złość   199
Jestem Brahmanem   201
Słowniczek   210

Przedmowa

Najcenniejszym elementem kultury Indii są nauki prowadzące do samopoznania, czyli wyniesienia przeciętnego człowieka do poziomu Świadomości Boga. W czasie gdy Indie zwracają się w kierunku Zachodu dla zmysłowego zaspokojenia wygody i przyjemności, Zachód, rozczarowany pustą wyniosłością materializmu, szuka przewodnictwa i wsparcia w tysiącletnich filozofiach Wschodu. Od niepamiętnych czasów aż do dnia dzisiejszego w Indiach ciągle przychodzą na świat istoty z boską świadomością, których celem jest prowadzenie ludzi szukających Prawdy.

Nic więc dziwnego, że pragnienie duchowego przewodnictwa jest wyzyskiwane przez pewne osoby, które chcą uchodzić za oświeconych mistrzów. Świat poznał już cierpienia towarzyszące temu zjawisku i właśnie dlatego wytworzyła się paranoja skierowana przeciwko pozycji *Guru* (nauczyciela duchowego). Jednak z powodu kilku oszustów nie powinniśmy tracić wiary w istnienie prawdziwych mistrzów. Przecież nie możemy zaprzestać poszukiwań dobrego lekarza tylko dlatego, że spotkaliśmy kilku szarlatanów.

W tym momencie można się zastanowić: „Po co mi nauczyciel duchowy? Czyż nie mogę przeczytać kilku książek o tematyce duchowej i samemu posuwać się moją własną ścieżką?" Jeśli ktoś chce zostać lekarzem, musi studiować pod kierunkiem uczonych profesorów. Nawet już po uzyskaniu dyplomu trzeba spędzić jakiś czas pod kierunkiem praktykujących lekarzy. Trzeba poświęcić wiele lat, żeby zrealizować nasze marzenie i stać się lekarzem. Czego więc należy oczekiwać od kogoś, kto pragnie poznać Prawdę Najwyższą? Jeśli pragniemy duchowej mądrości, musimy szukać prawdziwych duchowych mistrzów, którzy studiowali, praktykowali i doświadczyli Prawdy.

Jak odróżnić prawdziwego nauczyciela od oszusta?

W obecności Istoty Oświeconej wyraźnie odczuwa się aurę miłości i spokoju. Można też zauważyć, że ktoś pogrążony w Boskości traktuje wszystkich jednakowo bez względu na sławę, majątek, religię czy rasę. Każde słowo i każdy czyn prawdziwego mistrza służy duchowemu podniesieniu ludzkości. Nie ma w nim ani śladu egoizmu czy samolubstwa; wręcz przeciwnie, przyjmuje wszystkich z otwartymi ramionami i służy im.

Doskonałym przykładem takiego nauczyciela jest *Mata Amritanandamaji*, Matka Wiecznej Szczęśliwości. Urodzona w 1953 roku, Amma (Matka) — jak się ją nazywa — jest uosobieniem Matki Świata.

Książka ta zawiera cytaty z Jej duchowych nauk i odpowiedzi na często zadawane pytania. Słowa Ammy odznaczają się prostotą języka i głębią charakterystyczną dla kogoś, kto doświadczył Boskości. Jej nauki są uniwersalne: użyteczne w naszym codziennym życiu bez względu na to, czy jesteśmy poważnymi aspirantami duchowymi, głowami rodzin czy sceptykami.

Nauki Ammy wymagają od nas przede wszystkim myślenia. Nie są to kwieciste zwroty, które łatwo przełknąć. Wręcz przeciwnie, należy użyć własnej inteligencji do kontemplacji Jej słów, aby wysnuć ich pełne, zamierzone znaczenie. Czasami możemy mieć wrażenie, że pewne zwroty są niepełne lub nie do końca wyjaśnione. Kiedy poproszono Ammę o dalsze wyjaśnienia, odpowiedziała: „Niech czytający sami się nad tym zastanowią". Oznacza to, że zasady w ten sposób przedstawione wymagają kontemplacji, a nie dalszego wyjaśniania. Jeśli jesteśmy poważnie zaangażowani w samopoznanie i potrafimy szczerze i z pokorą poświęcić się studiowaniu i wprowadzaniu w życie tych nauk, możemy z pewnością osiągnąć wyznaczony Cel. Otwórzmy tę książkę na dowolnej stronie i zobaczmy, czy słowa Ammy nie przemówią do nas.

Zarys życia Ammy

"Od urodzenia kochałam święte Imię Boga. Powtarzałam Imię Pana bezustannie, z każdym oddechem. Dzięki temu w umyśle moim ciągle płynęły boskie myśli, bez względu na miejsce, w którym byłam, lub pracę, którą wykonywałam."

Urodzona 27 września 1953 roku w małej wiosce położonej na południowo-zachodnim wybrzeżu Indii, Sudhamani (Klejnot Nektaru), jak ją nazwali rodzice, od początku przejawiała oznaki boskości. Jej cera była niezwykle ciemnoniebieska. Przez wiele miesięcy lekarze zabraniali kąpania Jej, w celu wyleczenia tej tajemniczej „choroby". Sudhamani zaczęła mówić w swym ojczystym języku malajalam w wieku sześciu miesięcy. W tym wieku zaczęła też chodzić, przeskakując całkiem etap raczkowania.

Od piątego roku życia zaczęła komponować pieśni skierowane do Śri Kryszny, które były pełne pragnienia boskiej miłości i wyrażały Jej intensywne dążenie do Boga. Zwroty te, mimo że dziecięco proste i niewinne, przepełnione były mistyczną i filozoficzną głębią. Z powodu tych pieśni i pięknego głosu Sudhamani stała się dobrze znana w rodzinnej wiosce. W wieku dziewięciu lat musiała opuścić szkołę, gdyż Jej matka padła ofiarą choroby i nie mogła się zajmować domem. Sudhamani zaczęła wstawać przed świtem, żeby pracować aż do jedenastej w nocy. Gotowała dla całej rodziny, zajmowała się krowami, prała wszystkie ubrania, utrzymywała dom i podwórze w czystości itd. Mimo długiego dnia pracy w każdej wolnej chwili śpiewała pieśni i modlitwy do Śri Kryszny.

Po pewnym czasie Sudhamani zaczęła mieć wizje Boskości. W wieku siedemnastu lat stan ten pogłębił się aż do stałego zjednoczenia z Boskością. Stało się dla Niej oczywiste, że świat jest przejawem wszechobecnego, jedynego

Boga. Sama wzmianka boskiego imienia pogrążała Jej umysł w głębokiej kontemplacji.

W tym samym czasie pojawiło się w Niej silne pragnienie zjednoczenia z Boskością w postaci Matki Wszechświata. Chcąc osiągnąć Jej wizję, Sudhamani podjęła surowe umartwienia, nie dbając o jedzenie i dach nad głową. Uwieńczeniem tego okresu ostrej ascezy było widzenie Matki Wszechświata, która stała się rozbłyskiem Boskiego Światła i wstąpiła w Sudhamani. Twarz Sudhamani zajaśniała boską chwałą. Nie czuła Ona żadnego pociągu do ludzi i spędzała większość czasu w samotności, ciesząc się szczęściem jedności z Bogiem.

Jednakże pewnego dnia Sudhamani usłyszała wewnątrz te słowa: „Nie urodziłaś się tylko po to, by cieszyć się w samotności spokojem i szczęściem, ale by wspierać cierpiącą ludzkość i pomóc jej. Użyj twych boskich mocy, żeby pomagać ludziom. Będzie to prawdziwe oddawanie czci Mnie, mieszkającej w sercach wszystkich stworzeń jako ich Istota". Od tego dnia Sudhamani, teraz znana jako czcigodna Amma lub *Ammaczi* (Czcigodna Matka), oddała się służbie ludzkości. Wysłuchuje cierpliwie wszystkich, którzy do niej przychodzą, i tych uduchowionych, i tych zajętych sprawami świata, pocieszając ich, jak tylko matka potrafi, i używając Swej boskiej siły, żeby ulżyć ich cierpieniom.

"Przychodzą do mnie różni ludzie: jedni z oddania, inni, żeby znaleźć wyjście z kłopotów, usunąć chorobę itd. Nie odsuwam nikogo. Jak mogę ich odrzucić? Czy różnią się oni ode mnie? Czyż nie jesteśmy wszyscy koralikami nanizanymi na tę samą Nić Życia? Widzą mnie oni zgodnie z własnym poziomem umysłowym. Ci, którzy mnie kochają, i ci, którzy mnie nienawidzą, są dla mnie jednym".

O Ammie

1

Dzieci, matka, która was urodziła, może wam pomóc w różnych sprawach związanych z życiem, chociaż w naszych czasach nawet to jest rzadko spotykane. Celem Ammy jest poprowadzenie was w taki sposób, abyście mogli się cieszyć szczęściem we wszystkich waszych przyszłych wcieleniach.

2

Wyciśnięcie ropy z owrzodzonej rany na pewno sprawia ból, ale czy dobry lekarz powstrzyma się od tego tylko dlatego, że jest to bolesne? Podobnie, kiedy wasze *wasany* (tendencje umysłu) są usuwane, będzie to powodowało ból. Ale dzieje się to dla waszego dobra. Podobnie jak usuwa się szkodniki ze wzrastających roślin, tak też Amma usuwa wasze złe *wasany*.

3

Być może z łatwością przychodzi wam kochać, ale to nie jest wystarczające. Starajcie się widzieć Ammę w każdej istocie. Dzieci, nie myślcie, że Amma jest ograniczona tylko do tego jednego ciała.

4

Żeby prawdziwie kochać Ammę, należy jednakowo kochać wszystkie stworzenia na świecie.

5

Nieprawdziwa jest miłość tych, którzy kochają Ammę tylko wtedy, gdy Ona im okazuje miłość. Tylko ten prawdziwie kocha Ammę, kto pozostaje u Jej stóp nawet po otrzymaniu nagany.

6

Ktoś, kto żyje w tym *aśramie*, ucząc się z każdego czynu Ammy, osiągnie wyzwolenie. Jeśli

ktoś zastanawia się nad słowami i czynami Ammy, nie musi już studiować żadnych innych pism świętych.

7

Umysł musi się czegoś trzymać, a nie jest to możliwe bez wiary. Kiedy ziarno zostało zasiane, jego wzrost zależy od tego, jak głęboko w glebę sięgają jego korzenie. Bez wiary rozwój duchowy nie jest możliwy.

8

Gdziekolwiek jesteś, musisz w ciszy powtarzać swą mantrę lub praktykować medytację. Jeśli jest to niemożliwe, musisz czytać książki o tematyce duchowej. Nie marnuj czasu. Amma nie przejmuje się, nawet jeśli dziesięć milionów rupii zostanie straconych, jest jednak naprawdę przejęta, jeśli nawet moment zostanie zmarnowany. Pieniądze można odzyskać; stracony czas jest nie do odzyskania. Dzieci, zawsze bądźcie świadomi wartości czasu.

9

Dzieci, Amma nie twierdzi, że trzeba wierzyć w Nią lub w Boga w niebie. Wystarczy, że wierzycie w siebie. Wszystko istnieje w was.

10

Jeśli kochasz Ammę, nie zaniedbuj swej ducho-wej praktyki i poznaj swoją Istotę. Amma kocha cię, nie oczekując od ciebie niczego. Byłoby dla mnie wystarczające, jeślibym mogła zobaczyć moje dzieci cieszące się spokojem bez względu na porę dnia czy nocy.

11

Amma uważa, że naprawdę kochasz Ją tylko wtedy, gdy czujesz bezinteresowną miłość nawet do mrówki. Amma nie uznaje innych

rodzajów miłości za miłość. Miłość zrodzona z
samolubstwa jest dla Ammy nie do zniesienia.

12

Osobowość Ammy zmienia się w zależności
od waszych czynów i myśli. Bóg w formie
Narasimha (półczłowiek, półlew) ryczał z
wściekłością na demonicznego króla Hiranjakasipu, ale stał się spokojny w obecności
Prahlady, Swojego wielbiciela. Bóg, który jest
czystością i istnieje ponad wszystkimi atrybu-
tami, przybrał dwa różne zachowania zgodnie
z różnym postępowaniem tych dwóch osób.
Podobnie, zachowanie Ammy zmienia się w
zależności od nastawienia Jej dzieci. Amma,
którą widzicie jako *Snehamaji* — ucieleśnienie Miłości - może czasami przekształcić się w
Kruramaji — ucieleśnienie Surowości! Dzieje
się tak, by poprawić wady w zachowaniu moich
dzieci; jedynym tego powodem jest uczynienie
ich dobrymi.

Guru

13

Kiedy znaleźliśmy jeden sklep, w którym możemy kupić wszystko, czego nam trzeba, po co dalej krążyć pomiędzy innymi sklepami na rynku? Byłoby to stratą czasu. Podobnie, jeśli znaleźliśmy doskonałego Guru, powinniśmy zaprzestać poszukiwań i zacząć *sadhanę* (praktykę duchową), starając się osiągnąć Cel.

14

Guru sam przyjdzie do tego, kto szuka. Nie trzeba się włóczyć w jego poszukiwaniu. Jednak poszukujący powinien żywić intensywne odczucie beznamiętności do świata.

15

Guru jest niezbędny dla *sadhaki*. Kiedy dziecko zbliża się do brzegu stawu, matka ostrzeże je przed niebezpieczeństwem i wyprowadzi z

tego miejsca. W podobny sposób Guru udzieli właściwych rad, kiedy będzie to potrzebne. Jego uwaga będzie zawsze skupiona na uczniu.

16

Mimo że Bóg przenika wszystko, obecność Guru jest czymś niepowtarzalnym. Nawet jeśli wiatr wieje wszędzie, nam bardziej podoba się jego chłodny powiew w cieniu drzewa. Czyż chłodny powiew wiatru w liściach drzewa nie ma łagodzącego wpływu na tych, którzy podróżują w skwarze dnia? Podobnie, Guru jest niezbędny dla tych, którzy żyją w prażącym upale życia w świecie materialnym. Obecność Guru obdarzy nas spokojem i ciszą.

17

Dzieci, bez względu na to, jak długo łajno leży w słońcu, jego zapach nie zniknie dopóty, dopóki nie zawieje wiatr. Podobnie, można przez wieki praktykować medytację, ale *wasany* zostaną usunięte tylko wtedy, gdy dana osoba mieszka z Guru. Łaska Guru jest niezbędna. Łaska Guru spływa tylko na tego, czyj umysł jest niewinny.

18

Żeby rozwinąć się duchowo, musimy całkowicie poddać się woli Guru. Kiedy dziecko uczy się alfabetu, nauczyciel podtrzymuje jego palec i w ten sposób pomaga mu pisać na piasku. Ruchy jego palców są prowadzone przez nauczyciela. Ale czy dziecko, które nie jest posłuszne nauczycielowi i myśli dumnie: „Wszystko już wiem", może się czegoś nauczyć?

19

Tak naprawdę, doświadczenia osobiste są naszymi Guru. Dzieci, cierpienie jest nauczycielem, który przybliża was do Boga.

20

Powinniśmy odznaczać się pełnym szacunku oddaniem (*bhaja bhakti*) względem Guru. Ponadto, powinniśmy pozostawać w bliskim kontakcie z Guru i odczuwać, że jest on częścią nas. Ten kontakt powinien być podobny do związku między dzieckiem a matką. Matka potrafi ukarać i odepchnąć dziecko, ono jednak nadal do niej lgnie. Pełne szacunku oddanie pomoże nam w rozwoju duchowym, ale prawdziwy rozwój następuje tylko poprzez bliski kontakt z Guru.

21

Dzieci, miłość do Guru nie zniszczy waszych *wasan*. Musimy odznaczać się wiarą i oddaniem opartymi na podstawowych zasadach duchowych. Żeby to osiągnąć, niezbędne jest poświęcenie ciała, umysłu i intelektu. Tylko taka wiara i posłuszeństwo wobec Guru usunie wasze *wasany*.

22

W cieniu drzewa rzucono nasiono. Kiedy zacznie ono kiełkować, powinno zostać przesadzone, bo inaczej nie wzrośnie. W podobny sposób, aspirant duchowy powinien spędzić ze swoim Guru przynajmniej dwa, trzy lata. Po tym okresie powinien praktykować w odosobnionym miejscu. Jest to niezbędne dla jego duchowego rozwoju.

23

Prawdziwy Guru pragnie tylko duchowego rozwoju swoich uczniów. Uczeń jest poddawany sprawdzianom po to, by nastąpił jego rozwój osobisty i żeby usunąć jego słabości. Guru może nawet oskarżyć ucznia o pomyłki, których on nie popełnił. Tylko ci, którzy wytrwale przejdą przez takie próby, mogą się dalej rozwijać.

24

Prawdziwego Guru poznaje się tylko poprzez doświadczenie osobiste.

25

Kurczę ze sztucznej wylęgarni nie przeżyje, jeśli nie zapewni mu się idealnego jedzenia i warunków. Tymczasem kurczak wyhodowany naturalnie może żyć na każdym jedzeniu i w każdych warunkach. Dzieci, *sadhaka*, który żyje z Guru, jest jak wiejski kurczak. Będzie miał odwagę stawić czoła każdej sytuacji. Nic nie jest w stanie go zatrzymać. *Sadhaka*, który mieszkał z Guru, będzie zawsze miał w sobie siłę zdobytą poprzez bliski kontakt z Guru.

26

Uczeń może mieć naturę „posiadacza" w stosunku do Guru. Nie jest łatwo pokonać takie nastawienie. Taki uczeń może pragnąć jak najwięcej miłości od Guru. Jest on w stanie obrazić, a nawet opuścić Guru, jeśli nie otrzyma tej miłości. Jeśli ktoś pragnie miłości Guru, powinien się nauczyć służyć innym bezinteresownie.

27

Boga można przebłagać, ale nawet Bóg nie przebaczy grzechu wynikającego ze wzgardy wobec Guru.

28

Guru i Bóg znajdują się w każdym z nas. Ale w początkowym okresie praktyki Guru zewnętrzny jest niezbędny. Po pewnym czasie można zdobyć umiejętność dostrzegania esencji w każdym przedmiocie i w ten sposób można się posuwać do przodu o własnych siłach. Dopóki chłopiec nie stanie się świadomy swego celu, musi uczyć się lekcji ze strachu przed rodzicami i nauczycielem. Ale kiedy stanie się świadomy celu, zacznie studiować z własnej woli, zapominając o śnie, kinie i innych rozrywkach, które go kiedyś cieszyły. Strach i szacunek, jakie czuł do tej pory w stosunku do rodziców, nie były słabością. Dzieci, kiedy obudzi się w was świadomość celu, przebudzi się też świadomość Guru.

29

Nawet jeśli ktoś spotka Guru, zostanie on przyjęty na ucznia tylko wtedy, gdy się do tego nadaje. Bez łaski Guru nie można Go rozpoznać. Ktoś, kto rzeczywiście szuka Prawdy, będzie się odznaczał skromnością i prostotą. Tylko na taką osobę spłynie łaska Guru. Osoba pełna egoizmu nie ma dostępu do Guru.

30

Dzieci, ktoś może powiedzieć: „Bóg i ja to jedno", uczeń jednak nigdy nie powie: „Ja i mój Guru jesteśmy jednym". Guru jest kimś, kto obudził w tobie boskie „Ja". Ten dług będzie zawsze obecny. Uczeń powinien więc zachowywać się zgodnie z tym stanem rzeczy.

31

Tak jak kura chroni swe młode kurczęta, tak samo prawdziwy Guru otoczy całkowitą opieką tych, którzy żyją zgodnie z jego naukami. Wskaże on ich pomyłki i z miejsca je poprawi. Nie pozwoli, żeby w jego uczniach wykształciła się nawet odrobina egoizmu. Guru może czasami reagować na pozór surowo, żeby zniszczyć czyjąś pychę.

32

Ludzie, którzy widzą kowala kującego gorący kawałek żelaza, mogą myśleć, że nie ma większego brutala niż on. Tymczasem kowal z każdym uderzeniem myśli tylko o nowej formie, która wyłoni się z tego kawałka. Dzieci, prawdziwy Guru jest jak kowal.

Bóg

33

Wielu ludzi zadaje pytanie: „Czy Bóg istnieje? Jeśli tak, to gdzie On jest?" Zapytajmy tych ludzi, co było najpierw: kura czy jajko, albo czy orzech kokosowy poprzedzał palmę, czy odwrotnie. Kto potrafi odpowiedzieć na takie pytania? Poza orzechem i drzewem istnieje siła, która działa jako podłoże obu elementów, siła pozostająca poza zasięgiem słów. To właśnie jest Bóg. Dzieci, Bogiem nazywany jest ten, który jest Pierwszą Przyczyną wszystkiego.

34

Dzieci, zaprzeczyć istnieniu Boga to tak, jakby użyć języka, żeby powiedzieć: „Nie mam języka". Tak jak drzewo zawiera się w nasionie, a masło w mleku, tak Bóg istnieje we wszystkim.

35

Nawet jeśli nasiono posiada w sobie poten-
cjał, by zakiełkować, musi mieć wystarczająco
dużo skromności, żeby zejść pod ziemię. Jeśli
chcemy, żeby z jajka coś się wylęgło, kura musi
na nim usiąść. Pewna doza cierpliwości jest
niezbędna. Masło można zrobić tylko wtedy,
gdy mleko zostanie najpierw odstawione i
przerobione na śmietanę, a ta następnie ubita.
Nawet jeśli Bóg jest wszechobecny, żeby Go
zobaczyć, niezbędny jest wytężony wysiłek.

36

Tam, gdzie istnieją egoizm i samolubstwo,
nie można zobaczyć Boga. Z powodu naszych
szczerych modlitw Bóg może się do nas zbliżyć
o krok, ale z powodu naszego samolubstwa
oddali się od nas na tysiąc kroków. Łatwo
wskoczyć do studni, ale ciężko z niej wyjść.
Podobnie, w jednej chwili można stracić Łaskę
Boską, którą tak ciężko zdobyć.

37

Dzieci, nawet jeśli ktoś uprawia ascezę przez wiele wcieleń, poznanie Boga nie jest możliwe, jeśli nie ma się czystej miłości i pragnienia Jego poznania.

38

Brat patrzy na kobietę jak na siostrę, mąż jak na żonę, a ojciec jak na córkę. Jednak bez względu na to, kto na nią spogląda, jest to wciąż ta sama kobieta. Podobnie, Bóg jest tylko jeden. Każda osoba widzi Boga inaczej, zgodnie ze swym nastawieniem.

39

Bóg może przybrać dowolną postać. Z gliny można ulepić różne kształty, figurkę słonia albo konia, jednak glina pozostaje ta sama. Formy te są możliwością zawartą w glinie. Podobnie, z drzewa można wyrzeźbić wiele przedmiotów. Możemy nadać tym rzeźbom różne nazwy lub nazwać je wszystkie drewnianymi. Tak samo Bóg jest wszechobecny i nie ma cech, ale objawia się On w różnych formach zgodnie z naszymi zróżnicowanymi poglądami.

40

Dzieci, tak jak woda staje się lodem, żeby ponownie stopnieć i stać się wodą, Bóg poprzez Swą Wolę może przybrać jakąkolwiek formę, a następnie przyjąć ponownie Swój pierwotny stan.

41

Po zbudowaniu tamy woda, dotychczas płynąca w różnych kierunkach, zgromadzi się w zbiorniku. Ze spadku w ten sposób nagromadzonej wody można wytworzyć elektryczność. Podobnie, jeśli umysł, który obecnie wędruje między różnymi przedmiotami, szukając zaspokojenia zmysłowego, nauczy się skupienia, może siłą tego skupienia osiągnąć wizję Boga.

42

Dzieci, jeśli już raz znaleźliście schronienie w Bogu, nie ma się czego obawiać. Bóg zajmie się wszystkim. Małe dzieci znają zabawę w berka. Jedno z dzieci goni inne, chcąc je dotknąć. Pozostałe będą uciekać, unikając klepnięcia. Jeśli któreś z nich złapie się wyznaczonego drzewa, nie może zostać dotknięte. W podobny sposób, jeśli „złapiemy się" Boga, nikt nie może nam nic zrobić.

43

Kiedy ktoś patrzy na portret swego ojca, nie myśli o malarzu ani o farbach, lecz przypomina sobie ojca. Na podobnej zasadzie ktoś oddany widzi Boga w świętych wizerunkach. Ateiści mogą powiedzieć, że to rzeźbiarza powinno się czcić, a nie rzeźbę. Dzieje się tak tylko dlatego, że nie mają oni właściwej koncepcji Boga i nie wiedzą, co kryje się za czczeniem świętych wizerunków.

44

Nie można oskarżać Boga o kłopoty i nieprawości w świecie. Bóg pokazał nam właściwą
drogę i nie jest odpowiedzialny za nieprawości,
które stwarzamy, gdy nie idziemy tą drogą.
Matka ostrzega dziecko przed podchodzeniem
na skraj stawu i przed dotykaniem ognia. Dlaczego winić matkę, gdy dziecko, nie słuchając
jej, wpadnie do stawu lub poparzy sobie rękę?

45

Ci, którzy nic nie robią, mówiąc: „Bóg zajmie się wszystkim", są leniwi. Należy używać
inteligencji danej nam przez Boga, żeby każdy
gest wykonać z rozróżnianiem. Jeśli mówimy,
że Bóg się o wszystko zatroszczy, to po co nam
inteligencja?

46

Niektórzy mogą twierdzić, że skoro wszystko
jest wolą Boga, to również Bóg powoduje,

że popełniamy pomyłki. Jest to bezsensowne stwierdzenie. Odpowiedzialność za wszystkie czyny wykonane z poczuciem „ja" spada na wykonawców, a nie na Boga. Jeśli naprawdę wierzymy, że Bóg kazał nam popełnić zbrodnię, to powinniśmy się zgodzić na wyrok powieszenia orzeczony przez sędziego, jako także pochodzący od Boga. Czy potrafimy tak postąpić?

47

Dzieci, Poznanie Boga i Samopoznanie oznaczają to samo. Otwartość i spokój umysłu, a także zdolność do bezwarunkowej miłości do wszystkich: to jest właśnie Poznanie Boga.

48

Nawet jeśli kochają nas wszystkie stworzenia na ziemi, miłość ta nie może nam dać nawet odrobiny rozkoszy, jakiej doświadczamy w momencie, gdy doznajemy Boskiej Miłości. Szczęście, jakiego doznajemy z Jego Miłości, jest tak wspaniałe, że nie da się z niczym porównać.

49

Czy można twierdzić, że Boga nie ma, tylko dlatego, że Go nie widać? Wiele osób nigdy nie widziało swych dziadków. Czy z tego powodu mogą powiedzieć, że ich ojciec nie miał ojca?

50

Jako dzieci zadajemy dużo pytań i uczymy się od naszych matek. Kiedy trochę podrastamy, dzielimy się naszymi kłopotami z przyjaciółmi. W dorosłym wieku powierzamy nasze cierpienia małżonce. Jest to *sanskara*, jaką w sobie nosimy. Powinno to ulec zmianie. Powinniśmy powierzać nasze cierpienia tylko Bogu. Niemożliwe jest, by wzrastać bez towarzystwa innych. Często dzieje się tak, że poczujemy ulgę tylko wtedy, gdy podzielimy się z kimś naszymi cierpieniami. Niech Bóg będzie tym naszym towarzyszem i powiernikiem.

51

Dzisiejszy przyjaciel może jutro okazać się wrogiem. Bóg jest jedynym przyjacielem, któremu zawsze możemy ufać i w którym zawsze znajdziemy schronienie.

52

Czy Bóg zyskuje cokolwiek z naszej wiary w Niego? Czy słońce potrzebuje światła świeczki? Zysk z wiary przypada tylko wierzącemu. Kiedy jesteśmy w świątyni i z wiarą czcimy Boga, widząc jak kamfora spala się jako ofiara dla Boga, to właśnie my osiągamy skupienie i spokój ducha.

53

Wyznawcy różnych religii mają różne zwyczaje i różne miejsca kultu, ale Bóg jest jeden i ten sam. Mimo że mleko nazywa się *pal* w języku malajalam i *dudh* w języku hindi, jego cechy i kolor nie ulegają zmianie. Chrześcijanie pozdrawiają Boga imieniem Chrystusa, a muzułmanie nazywają Go Allachem. Postać Śri Kryszny nie jest taka sama w Kerali jak w północnych Indiach, gdzie jest On przedstawiony w turbanie na głowie. Każda osoba czci Boga zgodnie ze swoją kulturą i upodobaniem. Wielkie Wcielenia przedstawiały Boga w różnych postaciach, w zależności od potrzeb epoki i różnych upodobań ludzi.

54

Żeby wynieść naszą świadomość z poziomu utożsamiania z ciałem do poziomu Najwyższej Jaźni, powinniśmy odczuwać rozpacz osoby uwięzionej w płonącym domu lub osoby tonącej. Ktoś taki nie będzie musiał długo czekać na wizję Boga.

55

Dzieci, kiedy zgubiliśmy klucz, musimy iść do ślusarza, żeby otworzył zamknięty zamek. Żeby otworzyć zawór sił przyciągania i niechęci, trzeba szukać klucza, który tkwi w rękach Boga.

56

Bóg jest esencją wszystkiego. Miłość zakwitnie poprzez wiarę w Boga. Z miłości wypływa poczucie prawowitości (*dharma*), a następnie sprawiedliwości i spokoju. Powinniśmy być także gotowi, by współczuć cudzemu nieszczęściu, tak jakbyśmy byli gotowi przyłożyć opatrunek do własnej poparzonej ręki. Można to osiągnąć poprzez pełną wiarę w Boga.

Mahatmowie i Boskie Wcielenia

57

„Ten sam *Atman* (Jaźń), który istnieje we wszystkich stworzeniach, istnieje też we mnie. Nie ma nic odrębnego ode mnie. Cierpienia i trudności innych są także moimi". Ktoś, kto dzięki osobistemu doświadczeniu zda sobie sprawę z tych prawd, jest *dżnianim* (mędrcem).

58

Różnicę między Boskim Wcieleniem a *dżiwan-muktą* (wyzwoloną duszą jednostkową) można porównać do różnicy między człowiekiem, który ma wrodzony talent do śpiewania, a człowiekiem, który ostatnio nauczył się śpiewać. Pierwszy nauczy się pieśni już po pierwszym jej przesłuchaniu, podczas gdy drugi potrzebuje sporo czasu, żeby ją opanować.

59

Ponieważ wszystko jest częścią Boga, każdy jest Boskim Wcieleniem. *Dżiwy* (dusze jednostkowe) to ci, którzy nie wiedzą, że są częścią Boga, myśląc: „Jestem ciałem. To mój dom, to moja własność..."

60

Boskie wcielenia (*Awatarowie*) mają poczucie pełni, którego innym brakuje. Ponieważ *Awatarowie* nie utożsamiają się z Naturą, ich umysł nie jest tym, co normalnie nazywamy „umysłem". Wszystkie umysły są ich umysłami. Boskie wcielenie jest uniwersalnym umysłem. Jest Ono poza przeciwieństwami, takimi jak czystość i nieczystość, radość i zmartwienie. Wstąpienie Boga w ludzką postać nosi nazwę Boskiej Inkarnacji lub *Awatara*.

61

Awatar nie ma żadnych ograniczeń. *Awatarowie* są jak góra lodowca zanurzonego w Oceanie *Brahmana* (Boga). Nie można ograniczyć całej potęgi Boga do ludzkiego ciała, które ma 5 lub 6 stóp wysokości, ale Bóg może działać przez tak małe ciało. Jest to niepowtarzalna cecha Wcieleń Boga.

62

Awatarowie są bardzo pomocni w przybliżeniu ludzi do Boga. Bóg przybiera postać tylko dla naszego dobra. *Awatarowie* nie są ciałem, mimo że nam tak się wydaje.

63

Dokądkolwiek udają się osoby, które osiągnęły Poznanie, tam gromadzą się tłumy. Ludzie są do nich przyciągani jak kurz do trąby powietrznej. Ich oddech, a nawet każdy podmuch wiatru, który ich dotyka, jest zbawienny dla świata.

64

Dzieci, Jezus został ukrzyżowany, a Śri Kryszna zginął od strzały. Te wypadki zdarzyły się tylko z ich woli. Nikt nie może zbliżyć się do Boskiego Wcielenia, jeśli jest to wbrew jego woli. Kryszna i Jezus mogli spalić na popiół tych, którzy im się sprzeciwiali, ale nie zrobili tego. Przybrali Oni ciało tylko po to, żeby dać światu przykład. Przyszli na świat, żeby pokazać, co oznacza poświęcenie.

65

Sannjasin to ktoś, kto wyrzekł się wszystkiego. Wytrzyma on i przebaczy wyrządzone mu zło i poprowadzi sprawców we właściwym kierunku. *Sannjasini* są przykładem samopoświęcenia. Są oni zawsze w stanie szczęśliwości, a ich radość nie zależy od przedmiotów zewnętrznych. Czerpią oni radość, ciesząc się z Istnienia.

66

Ktoś, kto spaceruje z małym dzieckiem, prowadząc je za rękę, będzie szedł powoli, małymi krokami, żeby dziecko nie potknęło się i nie upadło. Podobnie, żeby podnieść duchowo przeciętnych ludzi, należy najpierw zejść na ich poziom. Poszukujący prawdy nigdy nie powinien dumnie myśleć: „Jestem *sannjasinem*". Powinien być przykładem dla świata.

67

Śri Kryszna odgrywał w swym życiu wiele ról: był pasterzem krów, królem, posłańcem, członkiem rodziny i woźnicą rydwanu. Nigdy nie powiedział bezdusznie: „Jestem królem". Kryszna nauczał zgodnie z *sanskarą* (tendencją lub predyspozycją mentalną) każdej osoby. Był On przewodnikiem duchowym dla każdej osoby, z którą przebywał. Tylko takie wspaniałe dusze mogą prowadzić świat.

68

Niektórzy ludzie ubierają ochrowe szaty i dumnie twierdzą: „Jestem *sannjasinem*". Są oni podobni do dzikiej odmiany rośliny kolokazja. Obie odmiany: dzika i uprawna, mają podobny wygląd, ale dzika odmiana nie posiada bulwiastego korzenia. Ochra jest barwą ognia. Tylko ci, którzy zniszczyli w sobie świadomość istnienia jako ciało, są godni ją nosić.

Pisma święte

69

Dzieci, pisma święte są doświadczeniami mędrców. Ich znaczenia nie można uchwycić intelektem. Można je zrozumieć tylko poprzez doświadczenie.

70

Nie musimy uczyć się wszystkich pism; są one tak rozległe, jak ocean. Podobnie jak wybiera się perły z morza, powinniśmy wybierać tylko najważniejsze zasady pism. Czyż po wyssaniu soku z trzciny cukrowej nie wypluwamy resztek?

71

Tylko ktoś, kto praktykował *sadhanę,* może uchwycić subtelne aspekty pism.

72

Samo studiowanie pism nie doprowadzi do Doskonałości. Żeby uleczyć chorobę, nie wystarczy przeczytać zalecenia na butelce z lekami; trzeba to lekarstwo przyjąć. Nie osiągnie się wyzwolenia samym studiowaniem pism; niezbędna jest praktyka.

73

Praktyka medytacji wraz ze studiowaniem pism jest lepsza niż medytacja bez pomocy wiedzy z pism. Gdy w umyśle rodzi się niepokój, ktoś, kto studiował pisma, może odzyskać siłę, zastanawiając się nad ich słowami. Pomogą mu one przezwyciężyć jego słabości. Tylko ci, którzy łączą *sadhanę* ze studiowaniem pism, mogą naprawdę bezinteresownie służyć światu.

74

Studiowanie pism jest niezbędne do pewnego poziomu. Ktoś, kto studiował rolnictwo, może z łatwością posadzić i wyhodować palmę kokosową. Kiedy pojawią się oznaki choroby, będzie wiedział, jak ją leczyć. Nie możemy nasycić pragnienia przez samo naszkicowanie rysunku palmy kokosowej. Żeby otrzymać kokosy, trzeba najpierw posadzić i wyhodować sadzonkę palmy. Aby doświadczyć wszystkiego, o czym napisano w pismach, należy praktykować *sadhanę*.

75

Ktoś, kto spędza swój czas na zdobywaniu wiedzy książkowej, bez praktyki *sadhany*, jest jak głupiec, który próbuje mieszkać w planach budowlanych domu.

76

Jeśli podróżnik zna drogę, podróż będzie łatwa i wcześniej dotrze on do swojego celu. Dzieci, pisma są mapami, które wskazują nam drogę do naszego duchowego Celu.

77

Ktoś, kto wybrał życie duchowe, nie powinien spędzać więcej niż trzy godziny dziennie na studiowaniu pism. Resztę czasu należy poświęcić praktyce *dżapy* i medytacji.

78

Nadmierne studiowanie spowoduje, że staniesz się niezdolny do medytacji. Ciągle będzie obecne w twoim umyśle pragnienie nauczania innych. Będziesz myślał: „Jestem *Brahmanem*. Dlaczego mam medytować?" Nawet jeśli usiądziesz do medytacji, umysł nie pozwoli ci na to i zmusi cię do powstania.

79

Dzieci, co chcecie zdobyć, spędzając całe życie na studiowaniu pism? Czy trzeba zjeść całą torbę cukru, aby dowiedzieć się, jak on smakuje? Wystarczy do tego tylko odrobina.

80

Przypuśćmy, że ziarno w spichrzu wierzy, że jest samowystarczalne. „Dlaczego miałobym się kłaniać ziemi?" - myśli. Nie zdaje sobie sprawy z tego, że tylko gdy wyjdzie poza spichlerz i zakiełkuje, będzie się mogło pomnażać i być użyteczne dla innych. Jeśli natomiast zostanie w spichrzu, stanie się pokarmem dla szczurów. Ktoś, kto studiuje pisma bez praktyki *sadhany*, jest jak ziarno w spichrzu. Jaki jest pożytek z wiedzy bez praktyki? Taka osoba może tylko powtarzać jak papuga: „Jestem *Brahmanem*, jestem *Brahmanem*".

Wiedza, oddanie, działanie

81

Równowaga wewnętrzna to właśnie *joga* (jedność z Bogiem). Kiedy się tę równowagę osiągnie, nastąpi ciągły przepływ Łaski. Wtedy nie potrzeba więcej praktyki *sadhany*. Jeden lubi jeść owoc chlebowca na surowo, drugi woli go gotować, a trzeci podsmażyć. Mimo że upodobania osobiste są różne, cel jedzenia pozostaje ten sam: zaspokojenie głodu. Podobnie, każda osoba wybiera inną drogę, żeby poznać Boga. Dzieci, jakąkolwiek drogę wybierzecie, cel pozostaje zawsze ten sam: poznanie Boskości.

82

Oddanie bez należytego zrozumienia podstawowego Pierwiastka nie może nas doprowadzić do Wyzwolenia. Będzie to tylko jeszcze jedną przyczyną niewoli dla człowieka. Pnącze jaśminu nie rośnie w górę: rozgałęzia się ono na boki i przyczepia do innych drzew.

83

Wiedza bez oddania jest jak jedzenie kamieni.

84

Oddanie zakorzenione w podstawowym Pierwiastku oznacza, że należy powierzyć się Jednemu Bogu, który przejawia się jako Wszystko. Należy to zrobić z bezwarunkową miłością, bez przypuszczania, że jest wielu odrębnych Bogów. Należy posuwać się naprzód, mając Cel jasno przed oczyma. Jeśli się chce jechać na wschód, nie ma sensu wyruszać na zachód.

85

Dzieci, celem życia jest Poznanie Boga. Zdążajcie do tego! Lekarstwo powinno być przyłożone do rany dopiero po oczyszczeniu jej z brudu. Jeśli zostanie tam jakikolwiek brud, nie zagoi się ona i może ulec zakażeniu. Podobnie, tylko po wypłukaniu egoizmu wodami oddania można przekazać wiedzę. Tylko wtedy może nastąpić rozwój duchowy.

86

Stopione masło nie jełczeje. Ale jeśli masło nie zechce stopnieć, mówiąc dumnie: „Jestem masłem", po pewnym czasie zacznie śmierdzieć. Dopóki istnieją egoizm, pycha i inne nieczystości, muszą one zostać stopione przez oddanie. Wtedy nie będą już śmierdzieć.

87

Niektórzy pytają, dlaczego Amma przywiązuje takie znaczenie do Ścieżki Oddania. Dzieci, nawet Siankaraczarja, który zapoczątkował filozofię *adwajty* (jedności wszechświata), napisał utwór oddania *Saundarja Lahari*. Mędrzec Wjasa, który spisał *Brahmasutry*, był zadowolony tylko po napisaniu *Bhagawatam* - utworu

sławiącego życie Śri Kryszny. Śri Wjasa i Siankaraczarja ułożyli te utwory, zdając sobie
sprawę z tego, że rozmowy na temat *adwajty*
lub filozofii *Brahmasutr* były bezużyteczne
dla większości ludzi. Jedna lub dwie osoby na
tysiąc są w stanie osiągnąć Cel, krocząc Ścieżką
Poznania. Czyż Amma mogłaby odrzucić resztę
szukających Boga? Dla nich będzie użyteczna
tylko Ścieżka Oddania.

88

Jeśli posuwamy się Ścieżką Oddania, możemy
zbierać owoce szczęścia już na samym początku
naszej drogi, podczas gdy w wypadku innych
dróg jest to możliwe dopiero pod koniec.
Bhakti jest jak drzewo chlebowca, które rodzi
owoce u samej podstawy, tymczasem żeby
zebrać owoce z innych drzew, trzeba się wspi-
nać na ich szczyt.

89

Początkowo powinniśmy odznaczać się oddaniem powiązanym z lękiem (*bhaja bhakti*) przed Bogiem. Po pewnym czasie jest to już niepotrzebne. Gdy osiągnęło się stan Najwyższej Miłości, strach znika zupełnie.

90

Bez względu na to jak długo praktykujemy medytację i *dżapę*, jeśli nie mamy w sobie miłości do Boga, nasze praktyki będą bezowocne. Jakkolwiek ciężko by wiosłować, łódź płynąca pod prąd będzie się posuwać naprzód centymetr po centymetrze. Ale jeśli postawimy żagiel, ta sama łódź natychmiast nabierze szybkości. Miłość do Boga jest jak żagiel, który pomaga nam szybciej zbliżać się do Celu.

91

Każdy mówi, że *karma* (działanie) jest wystarczająca. Jednak żeby właściwie wykonać naszą pracę, niezbędna jest wiedza. Działanie bez wiedzy nie będzie właściwym działaniem.

92

Praca wykonana ze *śraddhą* (wiarą, uwagą) poprowadzi nas do Boga. Jednak musimy odznaczać się *śraddhą*. Tylko poprzez *śraddhę* można osiągnąć skupienie. Często już po fakcie przychodzi nam do głowy, że można było lepiej wykonać naszą pracę. I dopiero po opuszczeniu sali egzaminacyjnej myślimy: „Och, byłoby lepiej, gdybym odpowiedział tak a tak". Ale po co nad tym rozmyślać po fakcie?

93

Dzieci, *śraddha* jest niezbędnym elementem każdego naszego działania. Prace wykonane bez *śraddhy* są bezużyteczne. *Sadhaka* przypomina sobie szczegóły prac wykonanych nawet wiele lat wcześniej z powodu nadzwyczajnej uwagi, z jaką zostały wykonane.

94

Kiedy posługujemy się igłą, jesteśmy bardzo ostrożni, mimo że igła jest tak niewielkim przedmiotem. Jeśli nie będziemy uważni, nie zdołamy nawlec nici. Jeśli przez jeden moment będziemy nieuważni, igła przeszyje nam palec. Nigdy nie zostawiamy igły na podłodze, bo może przebić komuś stopę. W podobny sposób *sadhaka* musi utrzymać skupienie w czasie wykonywania każdej czynności.

95

Nie powinniście rozmawiać w czasie pracy. Jeśli rozmawiacie, nie zyskacie koncentracji, a praca wykonana bez koncentracji jest bezużyteczna. Nie zapominajcie o powtarzaniu mantry. Jeśli jest to praca, podczas której nie można wykonywać *dżapy*, módlcie się przed rozpoczęciem: „Boże, Twoją Mocą wykonuję Twą pracę. Proszę Cię, daj mi siłę i zdolność, żebym dobrze ją wykonał".

96

Ten, kto nieustannie myśli o Bogu w czasie wykonywania każdej czynności, jest prawdziwym karmajoginem. Widzi on Boga w każdej pracy, którą wykonuje. Jego umysł nie skupia się na pracy, lecz jest osadzony w Bogu.

97

Tylko niektóre osoby, mające *sanskary* odziedziczone z poprzednich wcieleń, mogą podążać Ścieżką Poznania. Ale jeśli ktoś ma prawdziwego Guru, może podążać każdą drogą.

98

Kiedy praktykujemy medytację nad postacią, medytujemy właściwie nad naszą prawdziwą Jaźnią. W południe, gdy słońce jest bezpośrednio nad nami, nie ma cienia. Medytacja nad postacią przedstawia się następująco: kiedy osiągniesz pewien etap, obiekt medytacji

odpada. Kiedy osiągnięty został stan Doskonałości, nie ma już cienia, czyli dwoistości.

99

Na początku niezbędna jest zewnętrzna uwaga. Dopóki nie staniemy się zewnętrznie czujni, dopóty nie zdołamy pokonać naszej wewnętrznej natury.

Pranajama

100

Pranajamę powinno się ćwiczyć z najwyższą ostrożnością. Wykonując te ćwiczenia, powinniśmy siedzieć z wyprostowanym kręgosłupem. Można wyleczyć zwykłe choroby, ale nie zaburzenia spowodowane niewłaściwą praktyką *pranajamy*.

101

Kiedy ćwiczy się *pranajamę*, można zauważyć ruch jelit w okolicy podbrzusza. Ćwiczenia *pranajamy* mają ustalony czas trwania. Jeśli naruszy się przepisany porządek, układ trawienny zostanie nieodwracalnie uszkodzony i pożywienie przechodzić będzie bez trawienia. Dlatego *pranajamę* powinno się ćwiczyć tylko pod bezpośrednim nadzorem doświadczonej osoby, która wie, co robić na każdym etapie, która może udzielić porady i przepisać właściwe ziołowe środki, jeśli zajdzie potrzeba. Praktykowanie *pranajamy* wyłącznie według wskazówek z książki może być niebezpieczne. Nikt nie powinien tego robić.

102

Dzieci, liczba wykonywanych oddechów *pranajamy* jest zależna od naszego poziomu. Jeśli nie zachowamy właściwych proporcji, ćwiczenia te mogą być niebezpieczne. Ich skutek będzie podobny do próby wypełnienia pięciokilowej torby dziesięcioma kilogramami ryżu.

103

Kumbhaka jest zatrzymaniem oddechu, które następuje, kiedy osiąga się koncentrację. Można powiedzieć, że sam oddech jest myślą. Tak więc, rytm oddechu zmienia się w zależności od koncentracji umysłu.

104

Kumbhaka może nastąpić nawet bez praktyki *pranajamy*, poprzez *bhakti*. Wystarczy tylko ciągła praktyka *dżapy*.

Medytacja

105

Prawdziwe wykształcenie, czyli wiedza, polega na tym, żeby skupić umysł.

106

Można medytować, skupiając uwagę na czakrze serca lub między brwiami. Dopóki nie jest się w stanie siedzieć wygodnie w jednej pozycji, powinno się skupiać uwagę na sercu. Medytację nad punktem między brwiami powinno się praktykować tylko w obecności Guru, ponieważ w czasie takich medytacji może nastąpić przegrzanie, a także bóle i zawroty głowy. Czasami występuje też bezsenność. Guru wie, co należy zrobić w takich sytuacjach.

107

Medytacja pomoże uwolnić umysł od niepokoju i napięcia. Żeby praktykować medytację, nie trzeba wiary w Boga. Umysł można skupić na każdej części ciała lub na dowolnym punkcie. Można też wyobrazić sobie, że ulegamy roztopieniu w Nieskończoności, podobnie jak rzeka, która łączy się z oceanem.

108

Szczęścia nie dają przedmioty zewnętrzne, lecz roztopienie umysłu. Poprzez medytację możemy osiągnąć wszystko, wliczając w to długowieczność, żywotność, urok osobisty, siłę, inteligencję i szczęście. Ale trzeba ją wykonywać właściwie: w samotności, z uwagą i czujnością.

109

Osiągnięcie koncentracji i czystości umysłowej jest możliwe dzięki medytacji nad postacią Boga. Wtedy sattwiczne cechy ukochanego bóstwa rozwiną się także w nas, nawet bez naszej świadomości tego faktu. Nawet gdy siedzisz bezczynnie, nie pozwól, żeby umysł się rozproszył. Staraj się widzieć swą wybraną postać Boga wszędzie, gdzie spojrzą twe oczy.

110

Jeśli wolisz medytować nad płomieniem, to wystarczy. Usiądź w ciemnym pokoju i patrz na świecę. Płomień powinien być równy. Nad płomieniem można medytować, wyobrażając go sobie w sercu lub między brwiami. Gdy po pewnym czasie wpatrywania się w płomień zamkniemy oczy, będzie widać światło; można się skupiać również na nim. Można także wyobrazić sobie, że ukochane bóstwo stoi w środku płomienia. Jednak jeszcze lepiej wyobrazić sobie, że bóstwo stoi w ogniu ofiarnym. Wyobraźcie sobie wtedy, że złość, zazdrość, egoizm i wszystkie inne nasze negatywne cechy zostają spalone w tym ogniu.

111

Nie zaprzestawaj medytacji tylko dlatego, że postać jest niewyraźna. Próbuj wyobrazić sobie każdą część twego ukochanego bóstwa, zaczynając od stóp i posuwając się w górę do głowy. Dokonaj obrzędowej kąpieli Boga, ozdób Go w szaty i ornamenty. W wyobraźni nakarm Go własnymi rękoma. Poprzez takie wizualizacje postać bóstwa nie będzie znikała z twego umysłu.

112

Dzieci, zmusić umysł do medytacji to tak jak próbować zanurzyć w wodzie kawałek drewna. Jeśli poluzujemy uchwyt, drewno natychmiast wypłynie na powierzchnię. Jeśli nie jesteśmy w stanie medytować, wykonujmy *dżapę*. Dzięki praktyce *dżapy* umysł stanie się bardziej podatny na medytację.

113

Początkowo medytacja nad postacią jest niezbędna. W ten sposób umysł skupi się na ukochanym bóstwie. Bez względu na to, jak się medytuje i co jest przedmiotem medytacji, ważna jest koncentracja. Jaki będzie pożytek z listu z nadmierną liczbą znaczków, jeśli nie ma na nim właściwego adresu? Praktykowanie *dżapy* i medytacji bez koncentracji jest temu podobne.

114

Kiedy próbujemy pozbyć się negatywnych myśli, wtedy zaczynają nas one męczyć. Poprzednio, kiedy nam się podobały, nie sprawiały nam one kłopotów. Dopiero kiedy zmieniliśmy nastawienie, zaczęliśmy zdawać sobie sprawę z ich istnienia. Negatywne myśli zawsze istniały; po prostu my ich nie zauważaliśmy. Kiedy w trakcie medytacji przychodzą te myśli, powinniśmy wyjaśnić sobie ich istnienie w ten sposób: „Och umyśle, po cóż się zatrzymywać na takich myślach? Czy twoim celem jest myślenie o takich rzeczach?" Należy wypracować w sobie całkowitą beznamiętność względem myśli i spraw świata. Powinno się kultywować zachowanie zimnej krwi i rozwijać nieuleganie przywiązaniu, a miłość do Boga powinna wzrastać.

115

Dzieci, jeśli czuje się senność w czasie medytacji, powinno się szczególnie zadbać o to, żeby nie dać się zniewolić temu wrażeniu. Na początkowych etapach medytacji ujawnią się wszystkie nasze tamasowe cechy. Jeśli jednak zachowa się czujność, znikną we właściwym czasie. Kiedy czujesz się senny, praktykuj *dżapę* z użyciem *mali* (różańca). Trzymając różaniec blisko piersi, bez pośpiechu powtarzaj swoją mantrę. Nie opieraj się o nic i pozostań w bez-ruchu. Jeśli nadal czujesz się śpiący, praktykuj *dżapę* na stojąco, nie opierając się o nic i nie poruszając nogami. *Dżapę* można też praktykować, spacerując tam i z powrotem.

116

Bez względu na to, gdzie się znajdujemy, siedząc czy stojąc, powinniśmy zawsze utrzymywać kręgosłup prosto. Nie medytuj z kręgosłupem zgiętym w pałąk. Umysł jest jak złodziej, który zawsze czeka na możliwość zniewolenia nas. Jeśli oprzemy się o cokolwiek, zaśniemy, nie wiedząc kiedy.

117

Potrzeba co najmniej trzech lat praktyki, aby przedmiot naszej medytacji należycie utrwalił się wewnątrz. Początkowo, patrząc na wizerunek naszego bóstwa, należy starać się utrzymać koncentrację. Po dziesięciu minutach spoglądania na przedmiot medytacji można medytować z zamkniętymi oczyma przez następne dziesięć minut. Jeśli ktoś kontynuuje w ten sposób praktykę, we właściwym czasie przedmiot medytacji stanie się jasny.

118

W nocy atmosfera ziemska jest spokojna, ponieważ w tym czasie ptaki, zwierzęta i ludzie o przyziemnym nastawieniu są podporządkowani rozkazom snu. W nocy fale przyziemnych myśli są mniej intensywne. Kwiaty kwitną późno w nocy. W nocy atmosfera ma niezwykle energetyzujący wpływ. Jeśli praktykujemy medytację w tym czasie, umysł łatwo stanie się zogniskowany i pogrąży się w medytacji na długi czas. Noc to pora, kiedy jogini czuwają.

Mantra

119

Jeśli mantry nie mają mocy, to słowa też nie mają mocy. Jeśli komuś powiedzieć ze złością: „Wynoś się stąd!", rezultat będzie zupełnie inny, niż gdyby tej osobie powiedzieć grzecznie: „Proszę wyjść". Czyż te słowa nie wywołują w słuchającym zupełnie innych reakcji?

120

Celem mantry jest oczyszczenie naszego umysłu, a nie zadowolenie Boga. Jaki pożytek mantra przynosi Bogu?

121

Nie męcz umysłu zastanawianiem się nad znaczeniem mantry; wystarczy ją powtarzać. Być może przyjechałeś do aśramu autobusem, samochodem, statkiem lub pociągiem. Któż jednak marnuje czas, myśląc o pojeździe, kiedy dotarł już do celu? Świadomość Celu jest wystarczająca.

122

Istnieją różne rodzaje *dikszy*: przez dotyk, przez myśl i przez wtajemniczenie w mantrę. Mantrę można też otrzymać pisemnie. Kiedy podczas inicjacji otrzymuje się mantrę, całe brzemię ucznia przechodzi na Guru. *Mantra-upadesię* powinno się otrzymywać od *Satguru* (Mistrza, który doznał poznania). Jeśli jest to fałszywy Guru, rezultat będzie podobny do użycia brudnego filtru do oczyszczenia wody. Woda ta stanie się jeszcze bardziej zanieczyszczona.

123

Dzieci, nawet jeśli już wsiedliście do autobusu i kupiliście bilet, nie powinniście tracić czujności. Bilet należy starannie przechowywać. Jeśli nie pokażecie biletu, kiedy przyjdzie kontroler, może on was wysadzić z autobusu. Podobnie,

nie myślcie, że wasza praca kończy się po otrzymaniu mantry. Tylko wtedy, gdy mantra jest właściwie używana, doprowadzi was do Celu.

Dżapa i bhadżan

124

Dzieci, nie jest łatwo wiosłować przez wodę pokrytą liliami. Ale jeśli je usuniemy, nasza łódź łatwiej popłynie naprzód. Podobnie, jeśli poprzez praktykę *dżapy* nieczystości umysłu zostaną usunięte, będzie nam łatwiej medytować.

125

Ciągła praktyka *dżapy* bez *śraddhy* jest tak samo szkodliwa jak niewłaściwa praktyka *pranajamy*. Podczas *dżapy* staraj się unikać wszelkich myśli. Skoncentruj umysł na formie medytacji lub na głoskach mantry.

126

Dzieci, zawsze powtarzajcie mantrę. Umysł trzeba tak wprawić do nieprzerwanej *dżapy*, żeby powtarzał *dżapę* bezustannie, bez względu na to, co robimy. Pająk przędzie nić wszędzie, dokąd idzie. Podobnie, my powinniśmy w myśli powtarzać *dżapę* w czasie wykonywania każdej czynności.

127

Jeśli w czasie medytacji postać znika, staraj się ją przywołać z powrotem. Możesz też sobie wyobrazić, jak sznur *dżapy* rozwija się i owija wokół ukochanego bóstwa, od głowy do stóp i od stóp do głowy. To ci pomoże utrzymać uwagę na postaci.

128

Obojętnie, ile karmimy i pieścimy kota, w momencie naszej nieuwagi i tak skradnie jedzenie. Tak samo jest z umysłem. Żeby zatrzymać i skupić taki umysł, zawsze powtarzaj mantrę. Chodząc, siedząc i pracując, powinniśmy ciągle powtarzać mantrę, jak byśmy przelewali olej z jednego naczynia do drugiego.

129

W początkowych etapach *sadhany dżapa* i kontemplacja boskiej postaci są niezbędne. Nie martwcie się, jeśli postać nie jest wyraźna. Wystarczy, że kontynuujemy *dżapę*. Stopniowo, w miarę postępu, umysł skoncentruje się na postaci i *dżapa* samoczynnie zwolni bieg.

130

W *Kalijudze* bardzo skuteczne są *bhadżan* i *dżapa*. Pieniądze uzyskane ze sprzedaży 1000 akrów ziemi w dawnych czasach można dziś uzyskać ze sprzedaży tylko jednego akru. Jest to specjalność Wieku Kali. Nawet pięć minut koncentracji jest bardzo przydatne.

131

Dzieci, nie trzeba powtarzać wszystkich *Sahasranamów*. Wystarczy jeden z nich. Każdy z nich zawiera wszystko.

132

Zmierzch, czyli czas, kiedy dzień i noc spotykają się, jest dla *sadhaków* najlepszą porą do medytacji, gdyż można wtedy uzyskać dobrą koncentrację. W tym okresie atmosfera pełna jest nieczystych myśli i jeśli nie będzie się wykonywać *sadhany*, pojawi się wiele przyziemnych myśli. Właśnie dlatego o zmierzchu powinno się głośno śpiewać *bhadżany*. Śpiew ten oczyści śpiewających i atmosferę.

133

Dzieci, o zmierzchu powinno się śpiewać *bhadżany*, siedząc przed płonącą lampą oliwną. Powstający dym jest jak *siddha auszadha* (lekarstwo doskonałe). Oczyszcza on nas, a także atmosferę.

134

Ponieważ w *Kalijudze* atmosfera pełna jest różnych odgłosów, do uzyskania koncentracji lepszy jest *bhadżan* niż medytacja. Do medytacji potrzebne jest spokojne otoczenie. Z tego powodu śpiewanie *bhadżanów* będzie skuteczniejsze do osiągnięcia skupienia. W czasie głośnego śpiewania inne rozpraszające dźwięki zostają zagłuszone i osiąga się skupienie. Ponad skupieniem znajduje się medytacja. *Bhadżan*, skupienie i medytacja: tak następuje rozwój. Dzieci, ciągła pamięć o Bogu to właśnie medytacja.

135

Jeśli śpiewamy *bhadżany* bez skupienia, jest to tylko strata energii. Ale jeśli śpiewamy z koncentracją, *bhadżany* będą pomocne śpiewającym, słuchającym, a także Naturze. We właściwym czasie pieśni te pomogą pobudzić umysły słuchających.

136

Dzieci, ilekroć umysł staje się niespokojny, praktykujcie *mantra-dżapę*. Inaczej niepokój tylko wzrośnie. Umysł pozbawiony spokoju zwróci się w kierunku przedmiotów zewnętrznych. Jeśli to go nie zaspokoi, zajmie się czymś innym. Przedmioty zewnętrzne nie mogą dać nam spokoju. Tylko pamięć o Bogu i *mantra-dżapa* mogą przywrócić spokój umysłu. Czytanie duchowych książek też jest pomocne.

137

W szkole dzieci uczą się liczyć za pomocą liczydła. W ten sposób mogą się szybko nauczyć. Podobnie, żeby utrzymać umysł na wodzy, na początku pomocna jest *mala*. Później *dżapę* można wykonywać bez *mali*. Jeśli *dżapę* wykonuje się regularnie, mantra stanie się częścią nas. *Dżapa* będzie zachodzić nawet w czasie snu.

Przestrzeganie ślubów

138

Dzieci, brzeg oceanu ma zatrzymywać fale wodne. W życiu duchowym przestrzeganie ślubów kontroluje fale umysłu.

139

W pewne dni (*ekadasi*, pełnia księżyca itp.) atmosfera ziemska jest zupełnie zanieczyszczona. W tym czasie pomocne jest przestrzeganie ślubu milczenia i spożywanie wyłącznie owoców. Ponieważ owoce pokryte są skórką, nieczystości atmosferyczne nie wpłyną na nie tak bardzo. Takie dni są przydatne do intensywniejszej *sadhany*. Jakiekolwiek myśli byśmy mieli - duchowe czy materialne - w tych dniach można osiągnąć większe skupienie.

140

Poszukujący prawdy (*sadhaka*) powinien opróżnić żołądek przynajmniej dwa razy w miesiącu. Raz w tygodniu przestrzegaj ślubu milczenia i utrzymuj dietę owocową. Poświęć ten dzień na *dhjanę* (medytację) i *dżapę*. Będzie to korzystne dla ciała i dla *sadhany*.

141

Sadhaka, który uprawia regularną *sadhanę*, może przygotować umysł i ciało do medytacji przez przestrzeganie okazyjnych postów. Lecz ci, którzy wykonują męczącą pracę, a także praktykują medytację, nie powinni przestrzegać pełnego postu. Powinni oni spożywać wymaganą ilość pożywienia; bardzo dobrze nadają się do tego owoce.

142

Rozmawianie zaraz po medytacji jest podobne do wydawania ciężko zarobionych pieniędzy na fistaszki. Moc zdobyta w czasie medytacji zostanie zupełnie zmarnowana.

143

Sadhaka powinien wymawiać ostrożnie każde słowo. Powinien odzywać się rzadko i stonowanym głosem, tak żeby tylko bardzo uważny słuchacz mógł go usłyszeć.

144

Żeby się wyleczyć, chory powinien przestrzegać pewnych ograniczeń. *Sadhaka* powinien też stosować ograniczenia, zanim dotrze do Celu. Jak najmniej rozmów, śluby milczenia i kontrola diety: dla *sadhaki* są to tylko niektóre z przepisanych ograniczeń.

145

Przestrzeganie ślubów nie jest oznaką słabości. Drewniane deski nadają się do budowy łodzi tylko wtedy, gdy można je zgiąć. Żeby je zgiąć, należy je rozgrzać. Podobnie, poprzez przestrzeganie duchowej dyscypliny można doprowadzić do kontroli nad umysłem. Bez zatrzymania umysłu nie można kontrolować ciała.

Cierpliwość i dyscyplina

146

Dzieci, życie duchowe jest możliwe tylko dla tego, kto jest cierpliwy.

147

Nie można mierzyć czyjegoś rozwoju duchowego, obserwując jego zewnętrzne działanie. Duchowe zaawansowanie można do pewnego stopnia poznać na podstawie reakcji na nieprzychylne okoliczności.

148

Jak ktoś, kto ulega złości o byle co, miałby przewodzić światu? Dzieci, tylko osoba cierpliwa może prowadzić innych. Ego powinno zostać całkowicie unicestwione. Bez względu na to, ile osób siada na krześle, nigdy się ono nie skarży. Podobnie, bez względu na to, ile osób by się na nas złościło, powinniśmy wykształcić w sobie

wytrzymałość i przebaczać. Inaczej praktykowanie *sadhany* będzie daremne.

149

W złości traci się znaczną ilość siły zdobytej
przez *sadhanę*. Niewiele energii marnuje się,
gdy pojazd jest w ruchu, ale jeśli go zatrzyma-
my i ponownie uruchomimy, zużyjemy więcej
paliwa. Podobnie, złość wysysa naszą siłę przez
każdą komórkę ciała.

150

Gdy zapalniczka do papierosów została użyta
dziesięć czy dwadzieścia razy, jej paliwo też ulegnie zużyciu. Wiemy o tym, choć nie widzimy,
jak go ubywa. Podobnie, energię zgromadzo-
ną przez dobre myśli można stracić na różne
sposoby. Na przykład, kiedy pojawia się w nas
złość, tracimy wszystko, co zyskaliśmy przez
sadhanę. Kiedy rozmawiamy, tracimy energię
tylko przez usta, ale kiedy ulegamy złości,

tracimy energię przez oczy i uszy, a także przez każdą komórkę ciała.

151

Dzieci, każdy *sadhaka* powinien utrzymywać dokładny rozkład dnia. Powinien sobie rozplanować praktyki *dżapy* i medytacji każdego dnia o tej samej godzinie i przez ustalony czas. Powinno wyrobić się w sobie przyzwyczajenie do medytacji każdego dnia o stałej porze. To przyzwyczajenie będzie naszym przewodnikiem.

152

Ci, którzy mają regularny rozkład dyscypliny duchowej, będą go automatycznie przestrzegać. Ktoś, kto przyzwyczaił się do picia herbaty o pewnej porze dnia, powinien dostać herbatę w tym czasie, bo inaczej stanie się niespokojny i będzie jej szukał.

Skromność

153

W czasie cyklonu olbrzymie drzewa zostaną wykorzenione, a wielkie wieżowce zawalą się. Ale bez względu na to, jak silny jest cyklon, nie zdoła on dotknąć trawy. To jest właśnie wspaniałość skromności.

154

Kłanianie się innym nie jest oznaką słabości. Powinniśmy być na tyle wspaniali, żeby skłonić się nawet trawie. Jeśli ktoś postanawia wziąć kąpiel, ale nie jest gotów pokłonić się rzece, jego ciało pozostanie brudne. Mówiąc, że nie będzie się kłaniał innym, *sadhaka* nie pozwala na usunięcie jego własnej niewiedzy.

155

Człowiek egoistycznie oświadcza, że jednym naciśnięciem guzika może cały świat obrócić w popiół. Ale żeby nacisnąć przycisk, musi poruszyć się ręka. Człowiek nie myśli o Mocy, która kieruje tym ruchem.

156

Człowiek oświadcza, że podbił świat. Nie potrafi on nawet policzyć piasku pod własnymi stopami. A jednak te małe rybki mówią, że podbiły świat.

157

Przypuśćmy, że ktoś jest na ciebie zły bez powodu. Nawet w tym czasie *sadhaka* powinien być gotów skłonić się przed nim, zdając sobie sprawę z tego, że jest to boska gra, która odbywa się po to, żeby go sprawdzić. Tylko wtedy można powiedzieć, że cel medytacji został osiągnięty.

158

Dzieci, drzewo udziela cienia człowiekowi nawet wtedy, gdy on je ścina. Tak właśnie powinien postępować *sadhaka*. Tylko tego, kto modli się nawet o dobro tych, którzy go prześladują, można nazwać osobą prawdziwie uduchowioną.

Samolubstwo i pragnienie

159

Dzieci, ego jest wynikiem pragnienia i samolubstwa. Nie powstaje ono naturalnie, lecz jest wytworzone.

160

Przypuśćmy, że idziemy na zbiórkę funduszy. Przewidujemy, że otrzymamy 200 rupii, ale otrzymujemy tylko 50. W złości rzucamy się i bijemy człowieka. Następnie sprawa trafia do sądu. Czyż nasza złość nie jest wynikiem tego, że nie dostaliśmy oczekiwanej sumy? Jaki jest pożytek z obwiniania Boga za otrzymaną karę? Z powodu oczekiwań przychodzi złość, a z powodu pragnienia pojawia się niedola. Oto wynik biegania za pragnieniami.

161

Wiatr Bożej Łaski nie może nas unieść, jeśli jesteśmy obciążeni ładunkiem egoizmu i pragnień. Trzeba zmniejszyć ten ładunek.

162

Na drzewie, które gubi wszystkie liście, kwitnie wiele kwiatów, lecz na innych drzewach kwiaty kwitną tylko gdzieniegdzie. Dzieci, gdy będziemy całkiem wolni od złych skłonności, takich jak samolubstwo, egoizm i zazdrość, osiągniemy widzenie Boga.

163

Sadhaka nie powinien mieć w sobie nawet śladu samolubstwa. Samolubstwo jest jak robactwo, które wysysa miód z kwiatów. Jeśli pozwolimy mu się rozwijać, zajmie wszystkie owoce na drzewie. Takie owoce są na nic. Podobnie, jeśli pozwolimy na wzrost samolubstwa, zniszczy ono wszystkie nasze zalety.

164

Dzieci, istnieje duża różnica między pragnieniami *sadhaki* a pragnieniami osoby świata. Pragnienia przychodzą jak fala i przeszkadzają przyziemnej osobie. Nie ma końca jej pragnieniom. Dla duchowego poszukiwacza istnieje tylko jedno pragnienie: gdy zostanie ono spełnione, nie ma on już więcej pragnień.

165

Samolubstwo *sadhaki* będzie dla świata pożyteczne. Pewnego razu w małej wiosce mieszkało dwóch chłopców. Od *sannjasina*, który tamtędy przechodził, obaj otrzymali w prezencie po jednym nasionie. Pierwszy chłopiec podsmażył nasiono i zjadł je, zaspokajając w ten sposób głód; był on przeciętną osobą. Drugi chłopiec posadził nasiono i w ten sposób pomnożył ziarno, które następnie rozdał innym. Dzieci, mimo że początkowo obaj chłopcy mieli podobne samolubne pragnienie posiadania

97

nasiona, na samolubstwie drugiego chłopca skorzystało wiele osób.

166

Istnieje tylko jeden *Atman*. Jest On wszechogarniający. Kiedy otwieramy nasz umysł, możemy się z Nim złączyć. Wtedy samolubstwo i egoizm znikną na zawsze. Dla kogoś, kto pozostaje w stanie Najwyższej Świadomości, wszystko jest jednakowe. Dzieci, nie tracąc ani chwili, służcie innym i pomagajcie potrzebującym. Służcie światu bezinteresownie, nie oczekując niczego w zamian.

167

Małe samolubstwo pozwala pozbyć się dużego samolubstwa. Mały napis: „Nie naklejać napisów", pozwala utrzymać ściany w czystości. Podobnie jest z samolubnym dążeniem do Boga.

Pożywienie

168

Nie można poznać smaku serca, jeśli nie chce się zapomnieć o gustach języka.

169

Nie można stwierdzić stanowczo: „To można jeść, a tego nie". W zależności od warunków klimatycznych dieta będzie na nas miała różny wpływ. Pewne rodzaje pokarmu, których unika się tutaj, mogą być bardzo przydatne w Himalajach.

170

Kiedy zasiadamy do stołu, powinniśmy najpierw zwrócić się do Boga. Dlatego właśnie przed jedzeniem powtarza się mantrę. Właściwa próba naszej cierpliwości przychodzi wtedy, gdy stoi przed nami jedzenie.

171

Asceta nie musi chodzić w poszukiwaniu pożywienia. Pająk snuje nić, nie ruszając się z miejsca. Nie idzie on na polowanie, bo jego ofiara sama wpadnie w pajęczynę. Podobnie, jedzenie samo przyjdzie do ascety, ale musi on być prawdziwie oddany Bogu.

172

Rodzaj spożywanego pożywienia ma ogromny wpływ na nasz charakter. Zepsute pożywienie powiększa nasz *tamas* (ociężałość).

173

W początkowym okresie *sadhany sadhaka* powinien zachowywać umiar w jedzeniu. Niekontrolowana dieta może wyrobić złe skłonności. Kiedy ziarno zostało posiane, należy uważać, aby nie wydziobały go kruki. Natomiast kiedy ziarno wyrosło już na drzewo, każdy ptak może na nim usiąść lub zbudować gniazdo. Dzieci, na razie wasza dieta powinna być pod ścisłą kontrolą, a *sadhanę* należy wykonywać regularnie. W późniejszym okresie możecie jeść potrawy ostre, kwaśne lub niewegetariańskie i nie będzie wam to szkodzić. Ale nawet wtedy nie spożywajcie tych rodzajów pożywienia tylko dlatego, że Amma powiedziała, że w późniejszym okresie można wszystko jeść. Powinniście żyć jako przykład dla świata; wtedy inni będą się uczyć, patrząc na was. Nie powinniśmy jeść ostrego ani kwaśnego jedzenia w obecności osoby chorej na żółtaczkę, nawet jeśli sami nie jesteśmy chorzy. Powinniśmy ćwiczyć samoopanowanie, żeby innych uczynić lepszymi.

174

Mówi się, że łatwo jest przestać pić herbatę lub rzucić palenie, a jednak wielu ludzi nie może tego zrobić. Czy jest możliwe, by ktoś zapanował nad swoim umysłem, jeśli nie potrafi on opanować tych małych rzeczy? Najpierw trzeba pokonać takie właśnie drobne przeszkody. Jeśli ktoś nie może przejść przez rzekę, jak przekroczy ocean?

175

Na początku *sadhaka* nie powinien jeść niczego z barów czy restauracji. Myśli sprzedawcy krążą bowiem wokół zysku, gdy miesza on składniki potraw. Gdy przygotowuje herbatę, myśli: „Czy trzeba aż tyle mleka? Czy nie można dać mniej cukru?" W ten sposób będzie ciągle myślał o tym, jak zwiększyć własny zysk, zmniejszając ilość składników. Wibracje takich myśli będą miały wpływ na *sadhakę*. Żył kiedyś *sannjasin*, który nie miał zwyczaju czytania gazet. Pewnego razu po posiłku w pewnym domu pojawiło się w nim silne pragnienie poczytania gazety. Od tego dnia zaczął on miewać sny o gazetach i wiadomościach. Po dociekaniach zauważył, że służący tego domu czytał gazety w trakcie gotowania. Jego uwaga nie była skupiona na gotowaniu, lecz na gazecie. W ten sposób fale myślowe kucharza miały wpływ na *sannjasina*.

176

Nigdy się nie przejadaj. Jedzenie do pełna jest niewskazane dla zdrowia i dla *sadhany*. Połowa pojemności żołądka powinna być przeznaczona na jedzenie, ćwiartka na wodę, a pozostała część na ruchy powietrza. Im mniej jesz, tym większą posiadasz kontrolę nad umysłem. Nie śpij i nie medytuj natychmiast po jedzeniu, gdyż właściwe trawienie zostanie zakłócone.

177

Kiedy miłość do Boga jest już rozwinięta, człowiek wygląda, jakby cierpiał na gorączkę. Nie odczuwa on smaku jedzenia. Nawet słodkie smakuje mu gorzko. Kiedy odczuwamy już miłość do Boga, nasze apetyty spontanicznie ulegną zmniejszeniu.

Brahmaczarja

178

Dzieci, ostre i kwaśne jedzenie nie sprzyja *brahmaczarji*. Nie powinno się używać zbyt dużo soli. Słodkie jest do pewnego stopnia nieszkodliwe. Niedobrze jest spożywać jogurt nocą, a mleko najlepiej pić w małych ilościach. Do picia mleko trzeba zmieszać pół na pół z wodą i wtedy przegotować. Należy też unikać spożywania zbyt dużej ilości oleju, bo spowoduje to przyrost tłuszczu w ciele, a to z kolei poskutkuje większym wydzielaniem nasienia.

179

Nie powinno się często jeść smakowitego jedzenia. Jeśli wzrasta pragnienie smacznego jedzenia, wzrosną też pokusy związane z ciałem. Lepiej z rana nic nie jeść, a wieczorem przyjmować tylko małe ilości.

180

Nie trzeba obawiać się wytrysku nasienia w czasie snu. Czy widzieliście, jak pali się krowie łajno, a potem miesza z wodą, żeby wytworzyć święty popiół? W naczyniu umieszcza się kawałek sznurka, którego jeden koniec wystaje poza naczynie. Nadmiar wody wyciekanie przez sznurek, ale to, co stanowi esencję, nie zostanie stracone. Święty popiół (*wibhuti*) tworzy się dopiero po wydaleniu wody. Należy jednak uważać, aby wytrysk nasienia nie nastąpił w czasie marzeń.

181

Dzieci, jeśli wyczuwacie, że może nastąpić wytrysk, należy natychmiast wstać i medytować lub powtarzać *dżapę*. Czy to nastąpi, czy nie, następnego dnia należy praktykować *sadhanę* i pościć. Dla zachowania *brahmaczarji* dobre są kąpiele w rzece i w morzu.

182

W niektóre dni i miesiące atmosfera będzie zupełnie nieczysta. W takich momentach wytrysk może nastąpić pomimo naszej woli. Takim okresem jest połowa lipca do połowy sierpnia.

183

Z powodu koncentracji umysłu wydziela się energia, która zostaje przetworzona na *odżas* (wysublimowaną siłę witalną). Jeśli świecki człowiek zachowuje celibat, powinien także wykonywać *sadhanę*, gdyż w przeciwnym razie jego *brahmaczarja* nie przemieni się w *odżas*.

Sadhaka i sadhana

184

Dzieci, nasza postawa względem każdego przedmiotu we wszechświecie powinna być wolna od oczekiwań. Po to jest *sadhana*.

185

Nie ma skrótów na drodze do osiągnięcia Wizji Boga. Chociaż cukierek jest słodki, nikt nie usiłuje połknąć go od razu, gdyż pokaleczyłby sobie gardło. Powinien on rozpuścić się powoli i wtedy można go połknąć. Podobnie *sadhanę* powinno się wykonywać regularnie i z cierpliwością.

186

Bez miłości do Boga *dżapa* i medytacja nie mają sensu. Ale ci, którzy myślą, że zaczną *sadhanę* po wykształceniu w sobie miłości do Boga, są próżniakami. Są oni jak ci, którzy czekają, aż ustąpią fale oceanu, żeby w nim popływać.

187

Przez *sadhanę* otrzymujemy *siakti* (moc) i ciało zostaje uwolnione od chorób. Ostatecznie będziemy zdolni wykonywać każdą czynność, w każdej okoliczności, nie załamując się.

188

Nasze ukochane bóstwo może nas doprowadzić aż do progu Poznania. Udając się do aśramu, przez 50 km jedziemy do Vallickavu autobusem, więc ostatni kilometr można z łatwością przejść na piechotę. Podobnie, boska postać zabierze nas aż do wrót *Akhanda Satczidananda* (Niepodzielne Istnienie - Świadomość - Szczęście).

189

Dzieci, zanim wyruszymy w świat nauczać innych, powinniśmy zdobyć do tego siłę. Ci, którzy wyruszają w Himalaje, biorą z sobą wełniane ubranie chroniące przed chłodem. W ten sam sposób przed wejściem w świat umysł powinien zostać tak wzmocniony, żeby nie uległ rozterkom przy przeciwnościach. Jest to możliwe tylko przez *sadhanę*.

190

Dzieci, prawdziwy *satsang* to zjednoczenie *Dżiwatmana* (jaźni jednostkowej) z *Paramatmanem* (Jaźnią Najwyższą).

191

Jeśli ktoś ma ochotę na daktyle, zaryzykuje nawet wspinaczkę na drzewo z gniazdem os, żeby dostać owoce. Podobnie, ktoś, kto posiada *lakszja-bodhę* (zdecydowaną wolę osiągnięcia celu), pokona wszystkie przeciwności.

192

Początkowo pielgrzymki są bardzo przydatne dla *sadhaki*. Podróż z trudnościami pomoże mu zrozumieć naturę świata. Ktoś, kto nie zdobył wystarczającej wytrzymałości poprzez *sadhanę*, załamie się wobec prób i konfrontacji ze światem. A więc niezbędna jest ciągła *sadhana*, wykonywana bez straty czasu w jednym miejscu.

193

Doskonałość asany (pozycji siedzącej) jest pierwszym wymogiem dla *sadhaki*. Nie zawsze jest to łatwe do osiągnięcia. Każdego dnia siedź pięć minut dłużej niż poprzedniego dnia. W ten sposób, stopniowo będzie można siedzieć przez dwie lub trzy godziny. Jeśli zdobędziemy taką cierpliwość, wszystko inne przyjdzie już łatwo.

194

Dzieci, jeśli ktoś płacze za Bogiem przez pięć minut, jest to równe godzinie medytacji. W czasie płaczu umysł łatwo się pogrąża w rozpamiętywaniu Boga. Jeśli niemożliwy jest płacz, proś w następujący sposób: "O Boże, czemu nie potrafię płakać za Tobą?"

195

Sadhaka nie powinien płakać za rzeczami ulotnymi, powinien płakać tylko za Prawdą. Łzy należy wylewać tylko za Bogiem. *Sadhaka* nigdy nie powinien być słaby. Musi on dźwigać brzemię całego świata.

196

Naszą postawę możemy wyrażać na trzy sposoby: słowami, łzami i śmiechem. Dzieci, tylko wtedy, gdy nieczystości umysłowe zostaną wymyte łzami, będziemy mogli śmiać się z otwartym sercem. Wtedy wzejdzie prawdziwe szczęście.

197

Sadhana jest ważna. Ziarno, które zawiera w sobie przyszłą roślinę, wzrośnie tylko wtedy, gdy się je uprawia, nawozi i pielęgnuje. W podobny sposób Prawda Najwyższa, która znajduje się w każdej żywej istocie, zabłyśnie tylko poprzez praktykę *sadhany*.

198

Roślinka, która po zasadzeniu nie jest właściwie pielęgnowana, zmarnieje. Ale jeśli się o nią zadba, wyrośnie na zdrową roślinę i nikt nie będzie już mógł jej zadeptać. Nawet jeśli jej czubek zostałby ścięty, na jego miejscu wyrośnie kilka nowych pędów. W początkowym okresie *sadhaka* powinien trzymać się wszystkich zasad, bez względu na trudności. Tylko wtedy może się on rozwijać.

199

Jeśli przynajmniej raz w miesiącu *sadhaka* odwiedzi biedne dzielnice, szpitale itp., wyjdzie mu to na dobre. Te wizyty pomogą mu zrozumieć naturę niedoli życiowych i spowodują, że jego umysł stanie się współczujący i silny.

200

Kiedy mleko się zsiada, nie powinno się go poruszać. Tylko wtedy przemieni się ono w jogurt i odda śmietankę na masło. W początkowym okresie *sadhany* samotność jest niezbędna.

201

Kiedy ziarno zostało już posiane, należy uważać, aby nie wydziobały go kury. Po zakiełkowaniu nasiona są już bezpieczne. Na początku *sadhany* poszukujący nie powinien być do nikogo przywiązany. Bhaktowie prowadzący życie rodzinne powinni szczególnie na to uważać. Nie traćcie czasu na próżne rozmowy z sąsiadami; lepiej w każdej wolnej chwili siąść samotnie i wykonywać *dżapę*, *bhadżan* lub medytację.

202

Na głębokich wodach oceanu nie ma fal; będą się one pojawiać tylko na płyciznach. Ci, którzy osiągnęli Doskonałość, są spokojni. Tylko ludzie o niewielkiej wiedzy, którzy przeczytali dwie lub trzy książki o tematyce duchowej, stwarzają najwięcej kłopotów.

203

Tak jak nie można zniszczyć fal oceanu, podobnie nie można siłą pozbyć się myśli z umysłu. Ale gdy umysł zdobędzie już ekspansywność i głębię, fale myślowe ustąpią naturalnie.

204

Dzieci, w nasionie zawarte jest to, co rzeczywiste, oraz to, co nierzeczywiste. Kiedy nasiono zostało posiane, łupina pęka, rozkłada się i zostaje wchłonięta w glebę. Esencja nasiona zakiełkuje i będzie wzrastać. Podobnie jest z nami. Rzeczywiste i nierzeczywiste zawarte jest w nas. Jeśli będziemy żyć według tego, co rzeczywiste, nic nie będzie nam przeszkadzać; staniemy się ekspansywni. Jeśli natomiast oprzemy się na tym, co nierzeczywiste, będziemy niezdolni do wzrostu.

205

Dla kogoś, kto poznał rzeczywistość, cały świat jest bogactwem. Nie potrafi on na nic patrzeć jak na odrębne od własnej Jaźni.

206

Wartość jednostki wyznaczają jej czyny. Nawet osoba wykształcona i zatrudniona nie będzie przez nikogo szanowana, jeśli kradnie. Postęp *sadhaki* należy oceniać według jego czynów.

207

Czy widzieliście żołnierzy i policjantów stojących jak posągi nawet na deszczu i w gorącym słońcu? Podobnie, gdziekolwiek *sadhaka* stoi, siedzi lub leży, powinien być zupełnie nieruchomy. Nie powinno być żadnych niepotrzebnych ruchów rąk, nóg lub ciała. W tym celu trzeba sobie wyobrazić, że ciało to trup. Poprzez praktykę wejdzie to w końcu w nawyk.

208

Wioślarze, chcąc wyprowadzić łódź w morze poza fale, będą ciężko pracować. Ludzie stojący na brzegu będą ich zachęcać, krzycząc i wymachując rękami. Ale wioślarz nie zwraca na nich uwagi. Jedyną jego myślą jest wyprowadzenie łodzi poza zasięg fal. Po przekroczeniu fal nie ma już się czego obawiać. Jeśli zajdzie potrzeba, można nawet odpocząć przy wiosłach. Podobnie, wy jesteście teraz między falami. Postępujcie uważnie i nie zwracajcie uwagi na inne rzeczy, utrzymujcie cel przed oczyma, a osiągniecie miejsce przeznaczenia.

209

Dążący do życia duchowego powinien być bardzo ostrożny z osobami płci przeciwnej. To tak jak trąba powietrzna: dopiero gdy uniesie was w górę i rzuci na dół, zdacie sobie sprawę z niebezpieczeństwa.

210

Dzieci, woda nie ma koloru, lecz jezioro czy staw mają barwę nieba. Podobnie, widzimy zło w innych z powodu naszego złego charakteru. Zawsze próbujcie widzieć u każdego dobrą stronę.

211

Sadhaka nie powinien brać udziału w ceremoniach małżeńskich i pogrzebowych. W pierwszym wypadku każdy, od dziecka do staruszka, będzie myśleć o małżeństwie, a w czasie pogrzebu wszyscy będą rozpaczać nad stratą istoty śmiertelnej. W obu tych miejscach fale myślowe będą szkodliwe dla poszukiwacza prawdy. Te wibracje wejdą w podświadomość i wywołają niepokój w oczekiwaniu na rzeczy nierealne.

212

Osoba duchowa powinna być jak wiatr. Wiatr wieje zarówno nad pachnącymi kwiatami, jak i nad śmierdzącymi odchodami. W podobny sposób *sadhaka* nie powinien odczuwać ani przywiązania do ludzi, którzy mu okazują życzliwość, ani zgorzknienia w stosunku do tych, którzy nim pogardzają. Dla niego wszyscy są równi. Powinien on dostrzegać Boga we wszystkim.

213

Owoc, który zewnętrznie wydaje się dojrzały, szybko się zepsuje. Inaczej jest z owocem, który dojrzewa od środka. Dlatego potrzebna jest wewnętrzna dojrzałość. Powinniśmy cieszyć się szczęściem pochodzącym z wnętrza. Kłopoty pojawiają się, gdy nasze szczęście zależy od przedmiotów zewnętrznych.

214

Niewskazane jest spanie w ciągu dnia, bo kiedy się obudzimy, będziemy wyczerpani. Z drugiej strony, kiedy wstajemy po przespaniu nocy, jesteśmy pełni energii. Dzieje się tak, ponieważ za dnia atmosfera jest pełna nieczystych fal myślowych, podczas gdy nocą jest dużo mniej zanieczyszczona. Właśnie dlatego *sadhakowie* medytują w nocy. Pięć godzin medytacji w nocy zastąpi dziesięć godzin medytacji w dzień.

215

Gdy spacerujesz, siedzisz, kąpiesz się lub robisz cokolwiek innego, wyobrażaj sobie, że twoje ukochane bóstwo jest u twego boku i uśmiecha się do ciebie. Dzieci, spójrzcie na Naturę i wyobraźcie sobie w drzewach, w górach i w innych przedmiotach postać umiłowanego bóstwa. Powierzcie mu wszystko, co macie na sercu. Możecie także wyobrazić sobie, że postać ta stoi na niebie, i wtedy wyżalcie się Jemu lub Jej. Dlaczego mielibyście powierzać wasze smutki innym?

216

Jeśli stoimy koło kogoś, kto rozmawia, rozmowa ta stworzy wokół nas szczególną aurę. W złym towarzystwie wytwarza się negatywna aura, powodując wzrost nieczystych myśli. Właśnie dlatego mówi się, że *satsang* (dotrzymywanie towarzystwa świętym) jest niezbędny.

217

Kiedy rzeźbiarz patrzy na skałę lub na kawałek drewna, widzi tylko formę, którą można wyrzeźbić lub wyciąć, podczas gdy inni widzą skałę lub drewno. Podobnie, poszukujący Prawdy powinien żyć ostrożnie i rozróżniać między tym, co przemijające, a tym, co wieczne. Powinien on trzymać się tylko tego, co wieczne. Bóg jest wieczny; sprawy tego świata są przemijające.

218

Dzieci, nie kusi nas nagość dziecka. Powinniśmy umieć spoglądać na każdego z takim samym odczuciem. Wszystko zależy od umysłu.

219

Na początku *sadhaka* powinien być bardzo ostrożny. Najbardziej odpowiedni czas na medytację to godziny poranne do jedenastej i wieczorne po siedemnastej. Natychmiast po medytacji należy położyć się na około dziesięć minut. Nawet jeśli medytacja trwała tylko godzinę, powinniśmy pozostać w ciszy przynajmniej przez następne pół godziny. Tylko ci, którzy tak postępują, będą cieszyć się pełnią korzyści z medytacji.

220

Po zastrzyku mija trochę czasu, zanim lekarstwo rozejdzie się w ciele. Podobnie jest z medytacją. A więc po wykonaniu praktyk duchowych należy spędzić trochę czasu w ciszy. Jeśli po dwóch godzinach medytacji zaczniemy natychmiast rozmawiać o rzeczach tego świata, cały wysiłek pójdzie na marne. Nawet pięć lat takiej medytacji nic nie da.

221

Jeśli ktoś marnuje twój czas, rozmawiając o rzeczach nieistotnych, powinieneś praktykować *dżapę* lub kontemplować swą umiłowaną postać Boga. Wyobraź sobie, że ta osoba jest postacią Boską, lub narysuj na ziemi trójkąt i wyobraź sobie, że bóstwo w nim stoi. Biorąc małe kamyki i traktując je jak kwiaty, ofiaruj je u stóp twej umiłowanej Postaci. Należy dyskutować tylko o sprawach duchowych. Wtedy ci, którzy lubią takie rozmowy, zostaną, natomiast inni natychmiast usuną się z tego miejsca. W ten sposób nie będzie straty czasu.

222

Dzieci, nawet oddech *sadhaki* wystarczy, żeby oczyścić atmosferę; taką ma siłę. Ten fakt zostanie na pewno odkryty przez naukę, choć może minąć trochę czasu. Tylko wtedy ludzie uwierzą w to całkowicie.

223

Ludzkie istoty nie są jedynymi, które potrafią mówić. Zwierzęta, ptaki i rośliny też mają taką

zdolność, ale my nie możemy ich zrozumieć.
Ten, kto miał wizję Jaźni, dobrze o tym wie.

Sadhaka i rodzina

224

Dzieci, jeśli nie ma nikogo innego, odpowiedzialność za opiekę nad rodzicami spada na syna, nawet jeśli wybrał drogę życia duchowego. Rodziców należy traktować z należnym im szacunkiem jako własną jaźń.

225

Jeśli twoi rodzice są przeszkodą do życia duchowego, nie obowiązuje cię posłuszeństwo wobec nich.

226

Czy to właściwe, żeby podejmować życie duchowe, jeśli oznacza to nieposłuszeństwo wobec rodziców? Przypuśćmy, że pewien młody człowiek musi się udać w odległe miejsce, żeby studiować medycynę, ale jego rodzice nie chcą się na to zgodzić. Jeśli nie posłucha rodziców, pójdzie w daleką drogę, żeby studiować, i zostanie lekarzem, będzie mógł uratować od śmierci tysiące ludzi - włącznie ze swoimi rodzicami. Jego nieposłuszeństwo stanie się błogosławieństwem dla świata. Nie ma w tym nic złego. Natomiast jeśliby posłuchał rodziców i nie studiował, mógłby się tylko zajmować rodzicami, ale nie potrafiłby uchronić ich od śmierci. Lecz naprawdę kogoś uratować oznacza na zawsze wybawić go od śmierci, to znaczy, poprowadzić do Nieśmiertelności. Tylko duchowy poszukiwacz może bezinteresownie kochać, służyć światu i naprawdę ratować innych. Czyż Siankaraczarja i Ramana Maharszi nie przyszli na pomoc swym matkom, żeby je wyratować od śmierci, dając im wyzwolenie? (Nota: Mimo że obaj ci święci opuścili dom w młodym wieku, we właściwym czasie przyszli z pomocą swym rodzicom. Po wielu latach nieobecności Siankaraczarja przyszedł do swej matki, gdy leżała na łożu śmierci, i pobłogosławił ją wizją Boga. A kiedy Ramana Maharszi miał już miejsce stałego zamieszkania i jego *sadhana* była zakończona, zaprosił swą matkę, żeby z nim zamieszkała. Mieszkała ona z synem w Tiruvannamalai aż do śmierci, kiedy to za jego Łaską złączyła się z Bogiem.

227

Kiedy już raz wybraliśmy życie duchowe, powinniśmy porzucić nasze przywiązanie do rodziny i krewnych. Jeśli tego nie zrobimy, nie będziemy zdolni do szybkiego postępu. Nawet jeśli ciężko wiosłujemy, łódź nie posunie się do przodu, jeśli jest zakotwiczona. Kiedy poświęciliśmy już Bogu nasze życie, powinniśmy mieć silną wiarę w to, że nasze rodziny otrzymają od Niego pomoc.

228

Dzieci, kto jest naprawdę naszą matką i ojcem? Czy to oni zrodzili nasze ciało? Nigdy. Są oni tylko naszym przybranymi rodzicami. Prawdziwi rodzice to ci, którzy mogą dać życie umierającemu dziecku; to znaczy: tylko Bóg. Zawsze należy o tym pamiętać.

229

Małe rośliny, które rosną w cieniu dużych drzew, wzrastają bezpiecznie tylko przez pewien czas. Ale gdy drzewa stracą liście, zaczną się złe czasy dla młodych roślin, które szybko więdną w gorącym słońcu. Sytuacja tych, którzy wzrastają w cieniu rodziny, jest podobna.

Dla utrzymujących rodziny

230

Dzisiaj nasza miłość i oddanie Bogu są jak miłość, którą darzymy sąsiadów. Kiedy sąsiedzi nie dadzą nam tego, co chcemy, będziemy z nimi walczyć. Z Bogiem postępujemy podobnie: jeśli nie wypełni On naszych małych zachcianek, zaprzestaniemy *dżapy* i modlitw.

231

Ileż pracy wkładamy w to, żeby wygrać sprawę w sądzie! Ile czasu potrafimy stać w kolejce, żeby dostać bilety do kina, często kopani, pchani i poszturchiwani. Dobrowolnie znosimy wszystkie te trudy w imię odrobiny szczęścia zewnętrznego. Jeślibyśmy poczynili takie poświęcenia dla życia duchowego, wystarczyłoby to, by cieszyć się Wiecznym Szczęściem.

232

Przypuśćmy, że mały chłopiec skaleczył się w rękę. Jeśli spróbujemy go pocieszyć, mówiąc: „Nie jesteś ciałem, umysłem ani intelektem", nic z tego nie zrozumie i będzie dalej płakał. Podobnie nie ma sensu wmawianie przeciętnemu człowiekowi: „Nie jesteś ciałem, jesteś *Brahmanem*. Świat jest nierealny". Być może zajdą w nim pewne małe zmiany, ale tak naprawdę należy mu dać praktyczną poradę, którą mógłby zastosować w swym codziennym życiu.

233

Dzieci, wielu z tych, którzy nagle, po usłyszeniu przemowy, zasmakują w życiu duchowym, nie będzie w stanie prowadzić stałego życia duchowego. Jakkolwiek długo naciska się sprężynę, wróci ona do swego poprzedniego położenia, gdy zwolni się nacisk.

234

Dzieci, wydaje się, że obecnie nikt nie ma czasu chodzić do świątyń i aśramów ani wykonywać *sadhany*. Ale gdy zachoruje nasze dziecko, gotowi jesteśmy czekać bez snu w poczekalni szpitala przez długi czas. Dla jednej piędzi gruntu będziemy całymi dniami czekać przed sądem, bez względu na pogodę i nie myśląc o córce czy o żonie. Mamy też dość czasu, by stać w kolejce do sklepu i czekać, by kupić igłę za 5 pajsa. Ale nie mamy czasu modlić się do Boga. Dzieci, gdy istnieje miłość do Boga, znajdzie się czas na *sadhanę*.

235

Kto mówi, że nie ma czasu wykonywać *dżapy*? *Dżapę* można wykonywać w czasie marszu w rytmie jednej mantry na kilka kroków. Czyż nie można jej praktykować w czasie podróży autobusem, wyobrażając sobie umiłowaną postać Boga na niebie? Można też wykonywać *dżapę* z

zamkniętymi oczyma. Jeśli wykonujemy *dżapę* w ten sposób, nie tracimy czasu, bo umysł nie zaplącze się w rozważania nad atrakcjami na skraju drogi. Można też wykonywać *dżapę* nawet w trakcie prac domowych. Ci, którzy są zainteresowani, zawsze znajdą na wszystko czas.

236

Jeśli nie możemy zasnąć, bierzemy tabletki nasenne. Żeby zapomnieć o cierpieniu, łatwo dostępne są takie środki odurzające, jak alkohol czy marihuana. Istnieją też kina. Z tego powodu w naszych czasach nikt nie szuka już Boga. Ludzie nie wiedzą, że środki te ich niszczą. Gdy je przyjmujemy, zmniejsza się zawartość wody w mózgu. Wtedy właśnie odczuwa się odurzenie. Po długotrwałym spożywaniu tych substancji nerwy ciała kurczą się z powodu odwodnienia. Po pewnym czasie pojawia się drżenie ciała i zmęczenie, a nawet niezdolność do chodzenia. Tracąc energię i blask, osoba dotknięta stopniowo ulega degeneracji. Jej dzieci będą cierpieć w podobny sposób.

237

Dzieci, należy wietrzyć umysł, a nie pokój. Mając klimatyzację w pokojach, ludzie popełniają w nich samobójstwa. Czy zrobiliby to, gdyby przedmioty zbytku dawały szczęście? Prawdziwe szczęście nie pochodzi od przedmiotów zewnętrznych.

238

Gdy pies dostanie kość, zaczyna ją gryźć. A gdy sączy się krew, pies myśli, że pochodzi ona z kości, nie wiedząc, że krew sączy się z jego poranionych dziąseł. W ten sam sposób szukamy szczęścia w przedmiotach zewnętrznych, zapominając, że prawdziwe szczęście jest wewnątrz.

239

Nie stawia się ogrodzenia, ucinając gałęzie urodzajnych drzew owocowych. Użyje się na to tylko niepotrzebnych drzew. Jeśli zrozumie się wartość życia, nie będzie się go marnować na przyjemności zmysłowe.

240

Dla utrzymujących dom nie ma żadnych ograniczeń co do tego, kiedy należy rozpocząć życie duchowe. Należy zacząć, gdy czuje się potrzebę. Tej potrzeby nie można stworzyć, lecz powinna sama się pojawić. Gdy jajko jest wysiadywane, nie należy go dziobać. Powinno otworzyć się we właściwym czasie. Mężczyzna może zacząć życie duchowe, gdy żona i dzieci mogą wygodnie żyć, a on nie ma już w sobie przywiązania. Potem nie powinien już myśleć o domu.

241

W dawnych czasach ludzie uczyli dzieci prawdy o tym, co jest wieczne, a co nie. Uczyli ich, że celem życia jest poznanie Boga. Dzieci otrzymywały nauki, które pozwalały im poznać, kim są. Dziś rodzice tylko zachęcają dzieci do tego, żeby zarabiały pieniądze. Skutkiem takiego wychowania ojców nie obchodzą synowie, a synów ojcowie. Panuje między nimi niezgoda i walka. Ludzie nie wahają się nawet zabić innych dla samolubnych celów.

242

Dzieci, poznanie Boga nie jest możliwe bez *sadhany*. Ale nikt nie jest gotów do tego dążyć. Ludzie potrafią pracować w fabrykach przez całą noc bez zmrużenia oka. Zmęczenie nie powoduje u nich niedbalstwa. Jeśli nie będą ostrożni, mogą stracić rękę lub nogę, a wtedy stracą też pracę. Tego rodzaju uwagą i beznamiętnością powinien odznaczać się *sadhaka*.

243

O zmroku małe dzieci niepokoją się, że słońce się zgubiło. A z rana, gdy słońce wschodzi, cieszą się z jego powrotu. Nie znają one prawdy, która kryje się za wschodem i zachodem słońca. W podobny sposób my cieszymy się i rozpaczamy z każdym zyskiem i stratą.

244

Widujemy czasem człowieka w małej łódce, prowadzącego kaczki przez kanał wodny. Jego łódź jest tak mała, że ledwo może on wyciągnąć nogi, a jeśli zakaszle, może ją przewrócić. Stojąc i uderzając w wodę wiosłem, prowadzi on kaczki i uważa, żeby nie odpłynęły w dal. Stopami potrafi wybrać z łodzi nadmiar wody. Rozmawia też z ludźmi stojącymi na brzegu. W przerwach zapali papierosa. Mimo że wykonuje wszystkie te czynności, jego umysł stale skupia się na łódce. Jeśli jego uwaga rozproszy się choć na moment, łódź przewróci się i wpadnie on do wody. Dzieci, powinniśmy żyć w świecie w podobny sposób. Nasz umysł powinien być skoncentrowany na Bogu, niezależnie od wykonywanej czynności.

245

Tancerz ludowy, trzymając na głowie garnek, może wykonać wiele sztuczek. Będzie tańczył i turlał się po ziemi, ale garnek nigdy się nie ześliźnie. Jego umysł będzie zawsze skupiony na garnku. W podobny sposób z czasem my także będziemy potrafili utrzymać uwagę na Bogu, wykonując każdą pracę.

246

Módl się do Boga, wołając w samotności. Gdy ktoś się skaleczy, jego umysł będzie się nadmiernie zajmował raną. Podobnie nas dotknęła *bhawaroga*, choroba transmigracji (narodziny, śmierć, ponowne narodziny). Powinniśmy szczerze pragnąć wyleczyć się z tej choroby.

Tylko wtedy nasze modlitwy będą szczere. Serce musi stopnieć w miłości do Boga.

247

Brahma, Wisznu i Śiwa odpowiednio stwarzają, podtrzymują i niszczą pragnienia. Człowiek stwarza i podtrzymuje pragnienia, lecz ich nie niszczy. Dzieci, zniszczenie pragnień jest właśnie tym, czego potrzebujemy.

248

Pracownicy biur i banków obracają milionami rupii, ale wiedzą, że te pieniądze do nich nie należą. Wiedzą także, że ich klienci nie są ich rodziną, więc miłość, którą im oni okazują, nie jest szczera i opiera się na samolubnych intencjach. Dlatego bez względu na to, co powie ich klient, zachowują oni do tego dystans. Powinniśmy żyć w podobny sposób. Jeśli zrozumiemy, że nic i nikt na świecie nie stanowi naszej własności, nie będziemy mieli kłopotów.

249

Ze świadomością Celu przychodzi koncentracja. Możemy się rozwijać tylko poprzez koncentrację.

250

Ziarno owocu mango jest gorzkie, ale jeśli właściwie się je przyrządzi, można z niego przygotować wiele różnych dań. Wymaga to wysiłku. *Śrimad Bhagawatam* (święta księga o życiu i naukach Śri Kryszny) jest dla wszystkich poszukujących Prawdy. Jeśli się ją czyta z właściwą uwagą, można w niej znaleźć wszystkie zasady życia duchowego. Lecz dla tych, którzy nie mają wnikliwego umysłu, jest to tylko baśń. Głośne czytanie tej książki dla pieniędzy jest niewłaściwe; jeśli jednak głowa rodziny nie może związać końca z końcem, wtedy nie ma w tym nic złego.

251

Żeby wygodnie mieszkać w jakimś miejscu, trzeba najpierw to miejsce wyczyścić, spalić śmieci itd. Tylko w czystym miejscu będziemy zdolni wykonywać *dżapę* i medytację. Inaczej śmierdzące śmieci spowodują niepokój. Obrzędy *homa* i *jadźnia* są przeprowadzane dla oczyszczenia atmosfery. To nie Bóg ich wymaga.

252

Ludzie nie wahają się popełniać morderstw i wydawać olbrzymich sum pieniędzy w imię polityki. Miliony rupii wydano na garść skał z księżyca, ale na odprawianie *homy* i *jadźni* nie ma pieniędzy. Można pogodzić się z faktem, że nie odprawia się tych świętych ofiar, ale potępianie ich bez zrozumienia ich pożytku jest niedorzeczne. To właśnie jest niewiedza.

253

Dzieci, życie materialne i życie duchowe mogą być prowadzone równolegle. Ale należy bezwzględnie wykonywać wszystkie czynności bez przywiązania i bez oczekiwań. Cierpienie jest rezultatem myślenia: „Zrobiłem to, więc muszę dostać tamto w nagrodę". Nie powinniśmy myśleć, że nasza żona czy dziecko jest „nasze". Jeśli jesteśmy świadomi, że wszystko należy do Boga, wtedy nie będzie żadnego przywiązania. Gdy opuścimy ten świat, nasza żona i dzieci nie będą nam towarzyszyć. Bóg jest jedyną Prawdą.

254

Obojętnie, ile posiadamy bogactwa, będzie ono nam sprawiać tylko cierpienie, jeśli nie zrozumiemy właściwie jego wartości i użyteczności. Nawet jeśli się ma bezgraniczne bogactwo, przyjemność odczuwana z jego posiadania będzie tylko czasowa. Nie może nam ono zapewnić wiecznego szczęścia. Czyż królowie tacy jak Kamsa i Hiranjakasipu nie posiadali olbrzymiego bogactwa? Czy Rawana miał spokój umysłu, mimo że posiadał wszystko? Wszyscy oni zboczyli z drogi prawdy i żyli arogancko. Popełnili wiele zabronionych czynów. Skutkiem tego stracili spokój umysłu i ducha.

255

Amma nie twierdzi, że należy pozbyć się bogactwa. Jeżeli zrozumiemy, jak właściwie używać bogactwa, szczęście i spokój staną się naszym bogactwem. Dzieci, dla tych, którzy są w pełni oddani Bogu, bogactwo jest jak ugotowany ryż, do którego wpadł piasek.

Wolność od smutku

256

Owoc każdego czynu można zrównoważyć innym czynem. Czy nie można złapać kamienia podrzuconego w górę, zanim spadnie na ziemię? Podobnie, w trakcie każdego działania można zmienić jego skutek. Nie ma potrzeby rozpaczać i dumać nad przeznaczeniem. Nasze przeznaczenie może zostać zmienione przez boskie postanowienie. Czyjś horoskop może wykazywać silne prawdopodobieństwo małżeństwa, ale jeśli od dziecka praktykuje on *sadhanę* i dotrzymuje towarzystwa świętym, ulegnie to zmianie. Nawet w epopejach znane są tego przykłady.

257

Ktoś, kto podróżuje w dół rzeki, nie troszczy się o jej źródło. W przeszłości mogliśmy popełnić wiele błędów. Ale dziś nieprzydatne jest myślenie i zamartwianie się z tego powodu. Staraj się kształtować przyszłość; właśnie tego nam trzeba.

258

Obojętnie, jak zepsuty jest ziemniak, jeśli choć mała jego cząstka jest dobra, wyrośnie z niego kiełek. Podobnie, jeśli mamy w sobie choć ślad duchowej *sanskary*, możemy się rozwijać, trzymając się tej cząstki. Nigdy nie myśl: „Jestem grzesznikiem, nie jestem zdolny do niczego".

259

Przez cały czas myśleliśmy, że ciało jest rzeczywiste. To właśnie powodowało cierpienie. Teraz powinniśmy myśleć odwrotnie. *Atman* (Jaźń lub Duch) jest wieczny i to właśnie *Atman* musi zostać uświadomiony. Jeśli umysł trzyma się tej myśli, nasze smutki odejdą i pozostanie tylko szczęście.

260

Jeśli ktoś dźwiga ciężki ładunek, sama myśl o znajdującym się w pobliżu miejscu odpoczynku ulży mu. Natomiast gdy myśli on, że to miejsce jest jeszcze daleko, jego ładunek stanie się cięższy. Podobnie, jeśli myślimy, że Bóg jest z nami, całe nasze brzemię się pomniejszy. Po co dźwigać nasz bagaż, gdy jesteśmy już w autobusie lub na statku? Połóż go! W podobny sposób poświęć wszystko Bogu; On cię ochroni.

261

Dokądkolwiek idziemy, znajdujemy u innych błędy i wady. Z tego powodu nasz umysł staje się niespokojny. Powinniśmy zmienić ten nawyk. Zapominając o niedociągnięciach innych, należy widzieć ich dobre strony i szanować ich. Właśnie tego nam trzeba. Zawsze dostrzegaj we wszystkim dobro, a wtedy skończą się wszystkie cierpienia.

262

Przypuśćmy, że wpadliśmy do dołu. Czy wydrapujemy sobie oczy dlatego, że niedobrze nas poprowadziły? Tak jak znosimy swoje wady wzroku, podobnie powinniśmy być wyrozumiali w stosunku do innych, akceptując ich uchybienia.

Wasany
(Wrodzone skłonności)

263

Jeśli w cukrze znajdzie się choćby jedna mrówka, należy ją usunąć. Jeśli pozwolimy jej zostać, wkrótce pojawi się więcej mrówek. Podobnie, nawet ślad samolubstwa przygotowuje drogę dla innych *wasan*.

264

Wyczerpanie się *wasan* i zniszczenie umysłu oznacza to samo. Stanowi ono Wyzwolenie.

265

Pierwsza *wasana* pochodzi od Boga i od niej zaczyna się karma. Z karmy tworzą się kolejne następujące po sobie narodziny. W ten sposób toczy się koło narodzin i śmierci. Można się z niego uwolnić tylko poprzez wyczerpanie *wasan*. Pomocne w wyczerpywaniu *wasan* są praktyki duchowe, takie jak *satsang*, *bhadżan*, *dhjana* itp.

266

Wasany istnieją aż do osiągnięcia Wyzwolenia (*Dżiwanmukti*). Tylko w stanie *Dżiwanmukti* zostaną całkowicie usunięte. Zanim osiągniemy ten stan, powinniśmy postępować z najwyższą uwagą, gdyż aż do ostatniego momentu możliwy jest upadek. Ludzie, którzy prowadzą samochody na ruchliwych ulicach, muszą być bardzo ostrożni. Jeśli oczy zostaną choć na chwilę oderwane od drogi, może nastąpić wypadek. Natomiast nie ma się czego obawiać, jadąc po otwartym polu, gdzie pozostają tylko kierowca i samochód. W początkach życia duchowego wszystko jest niebezpieczne, należy więc bardzo uważać. W stanie *Dżiwanmukti* zostaje już tylko Czysta Jaźń. Nie ma już dwoistego podziału, a więc nie istnieje niebezpieczeństwo.

267

Wasany Dżiwanmukty nie są *wasanami* w prawdziwym znaczeniu. Na przykład jego złość jest tylko zewnętrzna grą. Wewnątrz jest on bardzo czysty. Wapno niegaszone ma kształt, ale rozpada się w momencie dotknięcia.

268

Dzieci, tylko Guru może zupełnie usunąć nasze *wasany*. Inaczej od urodzenia należy mieć silną duchową *sanskarę*. Szakal może sobie myśleć: „Nie będę już wył, gdy zobaczę psa", ale w momencie gdy ujrzy psa, historia się powtórzy. Podobnie jest z *wasanami*.

269

Niełatwo jest usunąć przepływ myśli; Jest to stan zaawansowany. Nieczyste myśli można zniszczyć, wzmagając napływ czystych myśli.

270

Jeśli w naczyniu mamy słoną wodę i będziemy do niej raz po raz dodawać czystej wody, słona woda będzie stopniowo tracić na słoności. W podobny sposób dobrymi myślami można stopniowo usunąć złe *wasany*.

Siddhi
(Moce psychiczne)

271

Dzieci, nadmierne pokazywanie *siddhi* jest sprzeczne z naturą. Gdy pokazuje się *siddhi*, ludzi to pociąga. Ten, kto osiągnął Poznanie, będzie unikał pokazywania *siddhi*. Nawet jeśli pokazuje jakieś *siddhi*, nie przynosi mu to straty energii. Jeśli mocy potrzebnej do przejawienia *siddhi* użyje się, żeby przemienić kogoś w *sannjasina*, będzie to z korzyścią dla świata. Jeśli *sadhaka* da się oczarować przez *siddhi*, odwiedzie go to od celu.

272

Ci, którzy osiągnęli Poznanie, przeważnie nie pokazują *siddhi*. A jeśli w ogóle je pokazują, to rzadko. Ich *siddhi* rodzą się spontanicznie, w danej sytuacji; nie mają one służyć zabawianiu widzów. Nie dążą do *siddhi*; one są przemijalne.

Awatarowie przychodzą, żeby usuwać pragnienia, a nie żeby je stwarzać.

Samadhi

273

Dzieci, *sahadża samadhi* (naturalne przebywanie w Jaźni) to Doskonałość. Ktoś, kto osiągnął ten stan, dostrzega Boski Pierwiastek we wszystkim. Wszędzie widzi on tylko czystą Świadomość, wolną od zabarwień Maji. Podobnie jak rzeźbiarz widzi w skale tylko kształt, który chce wyrzeźbić, tak Mahatmowie widzą we wszystkim tylko wszechogarniającą Boskość.

274

Wyobraźmy sobie, że mamy w sobie gumową piłeczkę i bramkę. Piłeczka, którą jest nasz umysł, odbija się ciągle w górę i w dół, a bramka to nasz cel. Czasem piłeczka wpadnie do bramki i zatrzyma się tam bez ruchu. Ten stan nazywa się *samadhi*. Jednak piłeczka nie zostaje tam na stałe: zacznie znów poruszać się w górę i w dół. Ostatecznie osiągnie się stan, w którym piłeczka zatrzyma się w bramce na stałe i nie wykona już żadnych ruchów. Ten stan nazywa się *sahadża samadhi*.

275

Poprzez medytację nad postacią można osiągnąć *sawikalpa samadhi* (świadomość Rzeczywistości przy zachowaniu poczucia dwoistości). Gdy widzi się postać naszego bóstwa, jest w tym nadal odczucie „ja", nadal więc istnieje dwoistość. W medytacji bez postaci poczucie dwoistości zostaje zupełnie zniszczone, ponieważ nie ma śladu „ja". W ten sposób osiągnie się *nirwikalpa samadhi*.

276

W stanie *nirwikalpa samadhi* nie ma istoty, która mogłaby powiedzieć: „Jestem *Brahmanem*". Osiągnęło się jedność z Tym. Gdy przeciętny człowiek osiąga *nirwikalpa samadhi*, opuszcza ciało. W czasie pogrążenia w *samadhi* szybko opuści on swe ciało, gdyż nie ma już myśli o przyszłości. Gdy otworzymy butelkę wody sodowej, wraz z głośnym „pop" wypuszczony gaz złączy się z powietrzem. Tak samo i on złączy się z *Brahmanem* na zawsze. Tylko Wcielenia Boskie potrafią utrzymać swe ciało po osiągnięciu *nirwikalpa samadhi*. Znając cel swego wcielenia i podtrzymując swoje postanowienie, przychodzą na świat raz za razem.

277

Dzieci, dla Boskiego Wcielenia nie ma takich rozróżnień jak *nirwikalpa samadhi* i stany powyżej lub poniżej. Boskie Wcielenia mają tylko kilka ograniczeń, które same sobie nałożyły, żeby osiągnąć cel, dla którego przyszły na świat.

278

Nawet po osiągnięciu *nirwikalpa samadhi sadhaka*, który osiągnął ten stan poprzez *sadhanę*, nie będzie równy Boskiemu Wcieleniu. Różnicę tę można porównać do tej między człowiekiem, który odwiedził Bombaj, a tym, który tam mieszka na stałe. Jeśliby ich zapytać, czy kiedykolwiek byli w Bombaju, obaj odpowiedzą, że tak, ale ten, kto mieszka w Bombaju, będzie lepiej znał tamtejsze miejsca.

279

Do czego podobne jest *samadhi*? Szczęśliwość. Nie szczęście czy smutek. Nie ma tam odczucia „ja" czy „ty". Stan ten można porównać do głębokiego snu, z jedną różnicą. W *samadhi* istnieje pełna świadomość. Dopiero gdy się budzimy, pojawia się „ja", „ty" i świat. Uważamy je za rzeczywiste z powodu naszej niewiedzy.

280

Nie jest możliwe opisanie doświadczenia *Brahmana*. Jeśli Amma was uderzy, czy będziecie mogli powiedzieć, ile czujecie bólu? Podobnie, *Brahmanana* nie da się wyrazić słowami.

Stworzenie

281

Dzieci, z powodu pierwszej decyzji w *Brahmanie* nastąpiła wibracja. Z tej wibracji powstały trzy *guny*: *sattwa*, *radżas* i *tamas*. Są one przedstawiane jako trójca: Brahma, Wisznu i Śiwa. Znajdują się one w każdym z nas. To, co widzimy jako istniejące we Wszechświecie, istnieje faktycznie wewnątrz.

282

W podejściu względnym *Atman* jest obojgiem: *Dżiwatmanem* (jaźnią jednostkową) i *Paramatmanem* (Jaźnią najwyższą). *Dżiwatman* jest tym, który cieszy się owocami własnych działań (*karma*). *Paramatman* jest Świadomością Świadka. Występuje on bez działania, nie działa.

283

Bóg istnieje tylko wtedy, gdy istnieje *Maja*. Gdy przekroczymy *Maję* poprzez ciągłą praktykę duchową, osiągniemy stan *Brahmana*. Tam nie ma nawet śladu *Maji*.

284

Dzieci, *mithja* nie znaczy nieistniejący, lecz wiecznie zmienny. Na przykład, najpierw jest pszenica, później mąka pszenna, a na koniec chleb. Forma ulega zmianie, lecz jej istota nie ginie.

285

Nawet jeśli brzeg oceanu jest brudny, czyż nie podoba nam się piękno samego oceanu? Umysł nie zajmuje się śmieciami. W ten sam sposób, gdy umysł jest skoncentrowany na Bogu, nie będzie wpadał w sidła *Maji*.

286

Możemy uważać, że igła jest mało ważna, gdyż niewiele kosztuje, jednak wartość rzeczy nie zależy od ceny, lecz od jej użyteczności. Amma nie może patrzeć na igłę jak na drobiazg. Bez względu na przedmiot należy brać pod uwagę jego użyteczność, a nie cenę. Jeśli widzimy rzeczy w ten sposób, nic nie jest *mithja*.

287

Są ludzie, którzy mówią, że stworzenie świata nigdy nie miało miejsca. W czasie snu nie jesteśmy niczego świadomi. W tym czasie nie istnieje dziś czy jutro, nikt, żadne ja, ty, żona, syn itd. Jest to przykład, który pokazuje, że *Brahman* nadal istnieje jako sam *Brahman*. Ktoś mógłby zapytać: „Jest chyba ktoś, kto doświadcza snu i po obudzeniu mówi: Dobrze spałem?". Mówimy, że dobrze spaliśmy, tylko z powodu zadowolenia i dobrego samopoczucia, których we śnie doznało nasze ciało, a nie dlatego, że mamy jakiekolwiek poczucie „ja". Myśli „ja" i „moje" są źródłem wszystkich kłopotów.

Racjonalizm

288

Dzieci, czy z powodu kłótni wszczynanych przez kilku religijnych fanatyków wolno mówić, że miejsca kultu są niepotrzebne? Czy ci sami ludzie też by twierdzili, że z powodu pomyłek kilku lekarzy powinniśmy pozbyć się wszystkich lekarzy i szpitali? Oczywiście, że nie. Należy usunąć konflikty religijne, a nie świątynie Boga.

289

W dawnych czasach racjonaliści kochali lud. A cóż można powiedzieć o dzisiejszych racjonalistach? Udając racjonalistów, żeby powiększyć swe ego, tylko przeszkadzają innym. Prawdziwym racjonalistą jest ten, kto trzyma się mocno swoich przekonań i kocha innych nawet za cenę własnego życia. Bóg przed nim uklęknie. Ilu takich ludzi istnieje w dzisiejszych czasach?

290

Gdy ktoś wierzący w Boga wykształci w sobie szacunek i oddanie Bogu, to rozwiną się w nim też takie zalety, jak miłość, prawda, prawość, współczucie i sprawiedliwość. Ci, którzy z nim przebywają, zyskają otuchę i spokój. To jest pożytek, jaki świat odnosi z wierzącego w Boga. Dzisiejsi racjonaliści z kolei, bez dokładnego przestudiowania pism czy czegokolwiek innego, trzymają się kurczowo dwóch lub trzech słów z jakichś książek i powodują zamęt. To właśnie dlatego Amma twierdzi, że dzisiejszy racjonalizm tylko toruje drogę do upadku społeczeństwa.

Cytaty wybrane

291

Dzieci, Przyroda jest książką do studiowania; każda rzecz w Przyrodzie jest kartą tej książki.

292

Czyny człowieka warunkują łaskę Przyrody.

293

Sadhaka używa energii Przyrody do medytacji, dla wzmocnienia i do wielu innych celów. Przynajmniej dziesięć procent energii i zasobów, które czerpiemy z Przyrody, powinno zostać użyte na pomoc innym ludziom. Jakiż jest pożytek z życia *sadhaki*, jeśli nie robi on nic dla innych?

294

Dzieci, w naszych czasach jest nadmiar ludzi, którzy wygłaszają duchowe przemowy; jednak z tych przemów nie widać konkretnych pożytków. Byłoby dużo korzystniej, gdyby czas zużyty na przygotowywanie tych przemówień poświęcić medytacji. Ktoś, kto zdobył prawdziwe duchowe doświadczenie, nie musi trudzić gardła przemowami, żeby zainspirować ludzi. Wystarczy jego spojrzenie, by tysiące ludzi skierowało się na właściwą drogę. Nie możemy spojrzeć w czyste lustro, gdy słońce się w nim odbija, bo nasze oczy zostaną oślepione blaskiem. W ten sam sposób, stając twarzą w twarz z prawdziwym *sadhaką*, nie jest się w stanie nic powiedzieć przeciwko niemu; można tylko być posłusznym jego słowom. Taka jest moc zdobyta poprzez *sadhanę*.

295

Dzieci, nie powinniśmy żywić niechęci do tych, którzy postępują niemoralnie. Nasza niechęć powinna być skierowana przeciw ich czynom, a nie przeciwko nim.

296

Zastała woda w rowach i stawach jest miejscem, w którym wylęgają się bakterie i owady powodujące choroby u ludzi. Rozwiązaniem tego jest skierowanie przepływu wody do oceanu. W dzisiejszych czasach człowiek żyje z wielkim poczuciem egoizmu; jego nieczyste myśli sprawiają wielu ludziom cierpienie. Naszym celem jest rozszerzenie wąskiego umysłu człowieka i poprowadzenie go do Prawdy Najwyższej. W tym celu każdy z nas powinien być gotów na poświęcenia. Tylko z mocą zdobytą poprzez *sadhanę* możemy poprowadzić innych.

297

Dzieci, pożywiajcie się, żeby żyć; śpijcie, żeby się przebudzić.

298

Pochodzimy od Boga. Po części jesteśmy tego świadomi. Świadomość ta powinna stać się pełna i doskonała.

299

Dookoła nas jest wiele osób, które walczą o przetrwanie bez dachu nad głową, ubrania, jedzenia i opieki medycznej. Z pieniędzy, które jedna osoba wydaje w ciągu roku na papierosy, można by zbudować mały domek dla ubogiego człowieka. Gdy wyrobimy w sobie współczucie dla ubogich, pozbędziemy się samolubstwa. Nie musimy sobie niczego odmawiać; przeciwnie, będziemy cieszyć się szczęściem innych. Gdy uwalniamy się od samolubstwa, stajemy się godni Bożej Łaski.

300

Dzieci, tylko ten, kto studiował, może uczyć. Tylko ten, kto ma, może dać. Tylko ten, kto jest w pełni wolny od smutku, może w pełni uwolnić od niego innych.

301

Cokolwiek będzie to za miejsce, tam jest ośrodek serca. Tam właśnie zgromadzi się pełna energia. Indie są sercem świata. *Sanatana Dharma* (Wieczna Religia), która stamtąd pochodzi, zapoczątkowała wszystkie inne drogi. Na samo słowo *Bharatam* (Indie) czujemy fale spokoju i promienność. Powodem tego jest fakt, że Indie są ziemią mędrców. Oni są tymi, którzy przekazują siłę życia nie tylko Indiom, ale także całemu światu.

Odpowiedzi na pytania

Bóg

Pytanie: "Ammo, dlaczego należy czcić Boga w postaci, jeśli w rzeczywistości jest On bez postaci?"

Amma: "Dzieci, żeby odzyskać spokój, mamy zwyczaj dzielić się naszymi cierpieniami z przyjaciółmi, podczas gdy moglibyśmy podzielić się nimi z Istotą Uniwersalną. Jest to powód oddawania czci Bogu w postaci.

Pewnego razu Śiwa i Parwati siedzieli razem, gdy nagle Śiwa wstał i zaczął dokądś biec. Ale po krótkim czasie był już z powrotem u boku Parwati. „Dlaczego wróciłeś tak szybko?" zapytała go Ona. „Jeden z moich wiernych miał w zwyczaju mówić mi o swych zmartwieniach", zaczął opowiadać Śiwa. „Bez względu na to, gdzie się znajdował, nigdy nie dzielił się swymi zmartwieniami z nikim innym. Dziś, wracając do domu, został pomyłkowo wzięty za złodzieja i pobity. Widząc to, poszedłem mu pomóc. Ale po drodze zobaczyłem, jak rozmawia z innym człowiekiem. „Pobili mnie bez powodu", skarżył się, „Musisz mi pomóc w zemście". Ponieważ moja pomoc nie była mu już potrzebna, wróciłem.

Nie zwiększajcie swych zmartwień, mówiąc o nich innym. Powiedzcie o waszych kłopotach Bogu. W ten sposób próbujcie je rozwiązać. Jeśli dzielimy się naszymi cierpieniami tylko z Bogiem, zdobędziemy wieczny spokój.

Przeciętnemu człowiekowi trudniej jest rozwinąć w sobie miłość do Boga bez postaci niż do Boga w postaci. Dążenie Ścieżką Poznania, bez oddania, jest podobne do jedzenia kamieni. Wszechmocny Bóg bez formy może z łatwością przybrać formę, żeby pomóc swym wiernym. Jeśli ktoś jest pełen zaufania do swej ukochanej postaci Boga, z łatwością osiągnie cel. Mimo to powinniśmy czcić Boga ze zrozumieniem, że wszystkie postacie są właściwie różnymi aspektami tego samego Boga, i powinniśmy wiedzieć, że ten sam Bóg jest naszą prawdziwą Jaźnią".

P: "Jeśli Bóg jest jeden i niepodzielny, po co czcić Śiwę, Wisznu i innych takich bogów?"

A: "Ten sam aktor może grać różne role. Mimo że postacie, kostiumy i osobowości, które on przedstawia, mogą być różne, jest to ten sam aktor. Tak samo jest z Bogiem. Prawda jest jedna, różne są tylko nazwy i kształty.

Ludzie mają różne usposobienia i charaktery. A więc żeby pomóc nam poznać Boga, *ryszi* wymyślili różne postacie Boga, pozwalając nam wybrać boskie imię i postać, która odpowiada naszej strukturze mentalnej. Nie chodzi o to, że istnieją różni bogowie. Mędrcy przedstawili niepodzielnego Boga w różnych czasach na różne sposoby, zgodnie z upodobaniem i usposobieniem ludzi".

Moim dzieciom

P: "Jeśli Bóg jest jeden, po cóż potrzebne są oddzielne miejsca kultu dla każdej religii?"

A: "Czy dany przedmiot ulegnie zmianie, jeśli używa się różnych nazw? Woda nazywa się *vellam* w języku malajalam i *pani* w języku hindi, ale czyż *pani* i *vellam* nie smakują i nie wyglądają tak samo? Czy istnieje jakakolwiek różnica między prądem elektrycznym przechodzącym przez lodówkę, lampę i wiatrak? Nie, różne są tylko przedmioty. Chrześcijanie nazywają Boga Chrystusem, a muzułmanie odnoszą się do niego jako do Allacha. Każda osoba rozumie i czci Boga według jej własnej tradycji kulturalnej i religijnej".

P: "Ammo, w świątyniach w imię pudży i nabożeństw ofiarowane są Bogu duże sumy pieniędzy. Po co Bogu pieniądze?"

A: "Bóg niczego od nas nie potrzebuje. Lampa elektryczna nie wymaga pomocy lampy naftowej. Bóg jest jak słońce. Obdarowuje on światłem po równo wszystkie rzeczy na świecie.

A jednak to temu wszystko oświetlającemu Bogu ofiarujemy lampę i olej. Robi się to z niewiedzy. Jest to podobne do sytuacji, w której ktoś ofiaruje słońcu płonącą świecę, mówiąc: „O Boże Słońce, oto światło dla ciebie, żebyś mogło widzieć i wędrować twą drogą w jasności”. Ofiary, które składamy w świątyniach, służą wyłącznie naszemu dobru. Bóg jest dawcą wszystkiego. Nie potrzebuje on ani nie chce od nas niczego”.

Świątynie

P: "Po co istnieją świątynie? Czy to nie rzeźbiarz, który wykonał piękny posąg, zasługuje na cześć?"

A: "Tak jak my przypominamy sobie naszego ojca, gdy widzimy jego portret, tak samo przypominamy sobie o Bogu, Stwórcy świata, gdy widzimy Jego wizerunek. Gdy wyznawca Kryszny widzi postać swego Pana, myśli on nie tylko o kamiennej rzeźbie, lecz także o prawdziwym Panu Kryszsnie. Świątynie i postacie potrzebne są tym z nas, którzy żyją w nieświadomości".

P: "Czy świątynie są niezbędne, by pamiętać o Bogu?"

A: "Małe dzieci uczą się, oglądając obrazki w książkach. Te obrazki pomagają im w nauce. Na przykład, dziecko nabywa pewnego wyobrażenia o wielbłądzie lub jaszczurce, gdy ogląda ich rysunki. W miarę jak podrasta, to samo dziecko zaczyna rozumieć, że zwierzę w jego książce jest tylko rysunkiem. Lecz wcześniej te rysunki pomagały w rozwoju jego inteligencji. Podobnie, świątynie są niezbędne dla początkujących, aby pomóc im pamiętać o Bogu."

P: "Mówi się, że jeśli regularne pudże w świątyniach zostaną wstrzymane, poskutkuje to niepomyślnymi wydarzeniami. Czy to prawda?"

A: "Siła bóstw świątynnych zaczyna wzrastać w wyniku postanowienia (*sankalpa*) człowieka. Jeśli pudże zostaną wstrzymane, siła ta się zmniejszy. Siła *dewaty* (bóstwa) zależy od *bhawany* (postawy) osoby, która je umieściła. Nie powinno się zaprzestawać odprawiania codziennych nabożeństw w świątyniach i czczenia bóstw rodzinnych. Jeśli zaniechamy tych obrzędów, mogą nastąpić wielkie nieszczęścia.

Przypuśćmy, że przez dziesięć dni karmimy wronę. Jeśli jednego dnia jej nie nakarmimy, będzie za nami chodzić, kracząc nieustannie. Z powodu tego hałasu nie będziemy zdolni uważnie pracować. Podobnie, jeśli zaprzestaniemy codziennej czci bóstw, będą nas one kłopotać w swoich subtelnych postaciach. Będzie to miało silny wpływ na ludzi słabego umysłu, ale *sadhace* nie będzie to bardzo przeszkadzać.

Nie wystarczy tylko zbudować łódź; powinniśmy także nauczyć się wiosłować. Jeśli wejdziemy na łódź, nie wiedząc, jak wiosłować, łódź poruszy się tylko odrobinę. Czy możemy winić za to łódź? Podobnie, nie wystarczy samo zbudowanie świątyń. Należy dobrze o nie dbać. Należy odprawiać codzienne nabożeństwa. Jeśli nie będziemy tego robić, mogą zdarzać się kłopoty. Byłoby bez sensu oskarżać o to świątynie; wina leży po naszej stronie".

P: "Czy *dewaty* i *Iśwara* są czymś różnym?"

A: "*Dewaty* zostały stworzone i umieszczone *sankalpą* człowieka. *Sankalpa* człowieka jest ograniczona, więc jego dzieło też takie będzie.

Bóg natomiast jest wszechmocny. Jego moc ani nie maleje, ani nie wzrasta; jest wieczna. Różnica między *dewatami* a *Iśwarą* przypomina różnicę między zwierzętami a człowiekiem. Nawet jeśli ostatecznie wszystko jest jednym i tym samym, pies nie ma zdolności rozróżniania równej człowiekowi. Pies kocha tylko tych, którzy kochają jego; innych może ugryźć".

P: "Jeśli tak, to czy świątynie nie staną się dla ludzi szkodliwe?"

A: "Nigdy. Odnosi się to tylko do świątyń, w których czci się *dewaty*. Jednak powinniśmy wykazywać trochę ostrożności. Umieszczanie *dewat* jest często wykonywane przez kapłanów niezdolnych do kontrolowania swej własnej *prany* (siły życiowcj). W takich świątyniach nie należy nigdy wstrzymywać codziennego nabożeństwa. Czy obserwowaliście ryby żyjące w akwarium? Ich woda musi być codziennie zmieniana, w przeciwnym wypadku stanie się szkodliwa dla ryb. Jeśli codzienna pudża jest właściwie wykonywana, wynikiem będą korzyści materialne. Wspaniałość świątyń, w których *Mahatmowie* umieścili posąg, jest unikalna. Dokonali tej instalacji z wolą *Akhanda Satczitanandy* (Świadomości Uniwersalnej), nadając tym posągom boskie moce. Takie świątynie i ich posągi będą pełne boskości, mocy i promienności. Nie są one jak ryby żyjące w akwarium, lecz jak ryby, które żyją w rzece. W takich świątyniach codzienna *pudża* nigdy nie ustanie. A nawet gdyby tak się stało, nie nastąpi utrata mocy. Świątynie te będą miejscami wielkiego zainteresowania i będą posiadać na wieczność pomyślne cechy. Świątynie w Tirupati, Guruvayur i Chottanikara są tego przykładem."

P: "Dlaczego w świątyniach składano ofiary z ludzi?"

A: "Powodem tego była niewiedza ludzi z dawnych czasów. Wierzyli oni, że ofiary z ludzi będą się Bogu podobać. Składali oni te

180

ofiary. nie rozumiejąc nauk z pism świętych.
Spójrzmy na dzisiejszy świat. Ile jest w nim
rozlewu krwi w imię polityki! Takie okropień-
stwa jak postrzelenia, poranienia i zabójstwa
ludzi, którzy zmienili partie polityczne, są na
porządku dziennym. Czy prawo i ideologia
którejkolwiek partii sankcjonuje morderstwa
lub podobne zbrodnie? Manifest partyjny i
hasła mogą być bardzo piękne, ale to, co się
realizuje, jest zupełnie odmienne. W dawnych
czasach też byli podobni głupcy. Ślepe oddanie
i wiara popychały ich do podobnych działań".

P: "Czy ludzie, którzy działają niesłusznie,
popełniają grzech?"

A: "Jeśli działają oni dla celów wyższych,
nic ma grzechu, ale jeśli działają dla celów
egoistycznych - wtedy jest to grzech. Pewnego
razu żyło w wiosce dwóch braminów. Obaj
zostali dotknięci tą samą chorobą. Gdy poszli
do lekarza, powiedział im, że zostaną wyle-
czeni, jeśli będą jedli rybę. Jako że obaj byli

wegetarianami, znaleźli się w kropce. Pierwszy człowiek, ustępując naleganiom żony i dzieci, zjadł rybę i został uleczony. Drugi człowiek, bojąc się grzechu, odmówił zjedzenia ryby i w rezultacie umarł. Jego rodzina została osiero- cona i spotkało ją wiele kłopotów.

Tutaj pierwszy człowiek ochronił całą swą rodzinę, jedząc rybę, która jest stosunkowo nieistotna. Nie było to okrucieństwo. Drugi człowiek odmówił zjedzenia ryby i umarł, zostawiając zbolałą rodzinę. Rodzina jest znacz- nie ważniejsza niż jedna lub dwie ryby. Czyż nie ścinamy drzew, żeby budować domy? Takie przypadki nie są przykładami samolubstwa. Ale gdy działamy z zemsty, motywowani tym, co lubimy, a czego nie itd., wtedy jest to grzech".

P: "Ammo, dlaczego świątynie tracą na świętości?"

A: "Ludzie zbierają w nich pieniądze i prowadzą tam w czasie festiwali różne świeckie działania. Coś takiego powoduje, że otoczenie świątyni staje się nieczyste. Zamiast budzić oddanie i dobre myśli, takie działania wyzwalają namiętności i wulgarne myśli. Jaką głupotę popełnia się w imię Boga! Po zebraniu pieniędzy na festiwale ludzie upijają się i wszczynają bójki. Wokół świątyń urządza się przedstawienia teatralne, programy taneczne i inne występy, które pobudzają w umysłach publiczności świeckość. Małe dzieci też zostają tym dotknięte. Takie formy rozrywki powodują, że schodzą one z właściwej drogi już w bardzo młodym wieku, kiedy to powinny rozwijać w sobie pozytywne myśli. Na skutek takiego rodzaju fal myślowych atmosfera świątyń traci na świętości.

Dzieci, my sami się niszczymy. Najpierw powinniśmy stać się dobrzy. Powinniśmy dbać o zachowanie czystości w świątyniach. Należy w nich wystawiać tylko takie wizerunki boskiej natury, które wzmagają oddanie i wiarę. Codzienna *pudża* powinna się odbywać właściwie. Nie ma sensu oskarżać *dewaty*, jeśli sami spowodowaliśmy nieczystość gruntów świątyni. W dawnych czasach w świątyniach praktykowano medytację i ćwiczenia jogi. Codziennie odbywało się tam czytanie *Puran*. W czasie festiwali należy wystawiać tylko sztuki teatralne związane z Bogiem.

Pieniądze zebrane od publiczności w czasie festiwali należy przeznaczyć na cele humanitarne. W naszych wioskach jest wielu bezdomnych, którzy walczą o przeżycie. Możemy dla nich zbudować domy. Można też rozdawać biednym ubrania i żywność. Można pomóc tym, którzy są niezdolni do zawarcia małżeństwa z braku pieniędzy. Można drukować i rozprowadzać bez opłat książki religijne dla dzieci. Można budować sierocińce. Dzieci te będą wychowywane w dobrej atmosferze, a wtedy w przyszłości nie będzie sierot. Wszystko to pomoże stworzyć jedność między ludźmi.

Dzieci, spójrzcie na chrześcijan i na muzuł-manów oraz na wszystkie dobre rzeczy, które robią. Budują szkoły i sierocińce oraz uczą sie-roty religii i tego, jak zaspokajać swe potrzeby życiowe. Czy widzieliście kościoły w złym sta-nie? Nie. Lecz spójrzcie na zniszczenie świątyń hinduskich. Tyle świątyń pozostaje bez opieki i bez utrzymania. Rada Devaswom (urząd rządowy do spraw utrzymania świątyń) przej-muje zarządzanie nad wielkimi świątyniami, bo przynoszą one zyski, zapominając o małych świątyniach. Powinniśmy zwracać szczególną uwagę na odnawianie świątyń i organizowanie religijnych przedstawień w okresach świątecz-nych. Powinniśmy sami we właściwy sposób dbać o nasze świątynie. Ich świętość powinna zostać zachowana; w przeciwnym razie nasza kultura zacznie upadać".

P: "Czy możliwe jest osiągnięcie Wyzwo-lenia poprzez cześć oddawaną w świątyni?"

A: "Jest to możliwe, ale należy czcić ze zrozumieniem ukrytego znaczenia świątyń. Bóg mieszka w świątyniach, ale nie myślcie, że jest On ograniczony do czterech ścian świątyni. Miejcie niezachwianą wiarę, że Bóg jest wszechobecny. Autobus dowiezie nas do przystanku, który znajduje się najbliżej naszego domu, a stamtąd możemy z łatwością przejść piechotą pozostałą część drogi. Podobnie, przy właściwym podejściu cześć oddawana w świątyni doprowadzi nas do progu *Satczitanandy*. Stamtąd zostaje tylko krótki odcinek do osiągnięcia Doskonałości. Można urodzić się w świątyni, ale nie należy tam umierać. Znaczenie jest następujące: na początku poszukujący może oddawać cześć w świątyni. Jest to jeden z kroków. Lecz końcowy, rzeczywisty cel leży poza tym wszystkim".

Mantra

P: "Czy słowa mogą zmienić czyjś charakter?"

A: "Jak najbardziej. Pewnego razu bramin nauczał w świątyni swych uczniów. W tym czasie przybył król tego kraju. Bramin, zajęty nauczaniem, nie zauważył przybycia króla. Król wpadł w gniew i zbeształ bramina za to, że go nie powitał. Bramin wyjaśnił, że był tak bardzo zajęty nauczaniem, iż go nie zauważył. Król zapytał wtedy, czego uczył on z takim przejęciem, że nie zauważył królewskiej obecności. Bramin odpowiedział: "Uczyłem dzieci rzeczy, które oczyszczą ich charaktery. Nie ma scnsu uczyć takich rzeczy, jeśli się tego nie robi z pełną uwagą i szczerze". Król zapytał go wtedy z drwiną: „Czy słowa mogą zmienić charakter?" Bramin odpowiedział: „Oczywiście! Na pewno zajdą zmiany". Król odparł: „Charakter nie zmieni się tak szybko". W tym momencie jeden ze studentów bramina, mały chłopiec, powiedział królowi, żeby się wynosił. Gdy król to usłyszał, wpadł we wściekłość i ryknął: „Jak śmiesz tak do mnie mówić! Zabiję ciebie i twego Guru! Zniszczę też ten aśram!" Mówiąc to, król złapał bramina za kark. Wtedy bramin powiedział królowi: „Wybacz mi, proszę. Właśnie powiedziałeś, że słowa nie mogą zmienić charakteru człowieka. A jednak, gdy mały chłopiec powiedział do ciebie kilka słów, zmieniłeś się w jednej chwili. Byłeś nawet gotów zabić mnie i wszystko zniszczyć".

Dzieci, charakter człowieka można zmienić słowami. Jeśli zwyczajne słowa zmieniają charakter człowieka, to cóż można powiedzieć o sile mantry, która pochodzi od *ryszich* i zawiera *bidżakszary* (święte głoski-nasiona, na przykład *Om, Hrim, Klim*)".

P: "Ammo, czy można osiągnąć korzyści z powtarzania mantry?"

A: "Na pewno. Ale pamiętajcie, że mantrę należy powtarzać z koncentracją. Otrzymuje się moc na miarę własnej *bhawany*. Postawa mentalna jest bardzo ważna. Lekarz przepisze lekarstwa i powie pacjentowi, żeby odpoczął i unikał pewnych rodzajów jedzenia. Jeśli pacjent będzie się stosował do zaleceń lekarza, wyzdrowieje. Podobnie, *ryszi* nauczali, że jeśli mantrę powtarza się w odpowiedni sposób, wtedy pojawią się pewne rezultaty. Jeśli będziemy skrupulatnie stosować się do ich wskazówek, wtedy na pewno otrzymamy zyski, które przyrzekli".

Obrzędy

P: "Ammo, czy rytuały, które wykonuje się w czasie *pitrykarmy* (obrzędów zadusznych), przynoszą jakikolwiek skutek?"

A: "Dzieci, czysta *sankalpa* ma wielką moc. Tylko wtedy, gdy *sankalpa* jest czysta, obrzędy te przyniosą oczekiwany owoc. Podczas *pitrykarmy* śpiewa się mantry oraz przypomina imię, gwiazdę urodzenia, wygląd i zachowanie zmarłej osoby. Każdy obrzęd ma swoją odpowiednią *dewatę*. Tak jak właściwie zaadresowany list wysłany przez syna do rodziców w odległym miejscu z pewnością do nich dotrze, tak rezultaty obrzędu także dosięgną osobę, dla której były zamierzone. Jeśli *sankalpa* jest czysta, *dewata* związana z tym obrzędem spowoduje, że jego efekt dotrze do właściwej duszy."

Ryszi

(Mędrcy)

P: "Jaka jest pewność, że spełnią się przepowiednie *ryszich*?"

A: "Starożytni *ryszi* byli *mantra-dryszta* (wieszczami); wszystko, co przepowiedzieli, spełniło się. Wszystko, co napisano w *Bhagawatam* na temat Kalijugi, okazało się prawdziwe. „Ojciec porwie się na syna, syn porwie się na ojca. Wszystkie lasy staną się domami, wszystkie domy będą sklepami". Czy te rzeczy już się nie zdarzają? Czyż nie ścinamy wszystkich drzew, żeby postawić na ich miejsce domy i sklepy? W obecnej epoce prawda i *dharma* nie mają żadnej wartości. Gdzie się podziały wzajemne zaufanie i miłość? Czy dziś ktokolwiek wykazuje się prawdziwą szczerością, cierpliwością lub duchem samopoświęcenia?

Tak jak to przepowiedzieli *ryszi*, pogoda wykazuje skrajności, zarówno w czasie pory deszczowej, jak i w porze suchej. Wszystko to zostało przepowiedziane dawno temu przez mędrców.

Żywiąc się tylko liśćmi i owocami, *ryszi* wykonywali *tapas* (surowe umartwiania) i posiedli Tajemnicę Wszechświata. Całość boskiego stworzenia była dla nich jak ziarno gorczycy na dłoni. Nawet przedmioty nieożywione były posłuszne ich rozkazom. Już w dawnych czasach *ryszi* dokonali wielu odkryć. W rzeczywistości, wiele ze współczesnych wielkich wynalazków zostało bez wysiłku stworzonych przez *ryszich*. Na przykład naukowcy wyprodukowali „dzieci z probówki". A jednak mędrzec Wjasa wyjął 101 braci Kaurawów z glinianych garnków; natchnął on życiem zwykłe kawałki mięsa. W porównaniu z tym wyczynem dzieci z probówek nie stanowią niczego szczególnego. W *Ramajanie* istnieją wzmianki o *„puszpaka wimana"* (samolocie z kwiatów), a przecież współczesny samolot został wynaleziony całkiem niedawno. Istnieje wiele takich przykładów.

Amma nie uważa dzisiejszych naukowców i ich osiągnięć za nieznaczące; Amma twierdzi po prostu, że nie ma nic, czego by się nie udało osiągnąć przez *tapas*. Dla *ryszich* nic nie było trudne; przez swoją *sankalpę* byli zdolni stworzyć wszystko, czego sobie życzyli".

Dewi Bhawa

(Boski nastrój)

[Przez dwie noce w tygodniu Amma objawia zewnętrznie Swą jedność z Najwyższym w czasie tak zwanego darsianu *Dewi Bhawa. Dewi Bhawa* oznacza „Nastrój Boskiej Matki". Ubierając kolorowe sari i piękne ozdoby, Amma przybiera postać Bogini w pełnej chwale i w tym nastroju pokrzepia oraz pociesza ludzi.]

P: "Dlaczego Amma nosi stroje w czasie *Dewi Bhawa*? Ani Siankaraczarja, ani Ramakryszna Paramahansa, ani Narajana Gurudewa... żaden z nich nie nosił takich strojów".

A: "Jeśli wszyscy mieliby identyczne role, wystarczyłby jeden święty lub Mahatma, żeby podnieść świat. Jeden niepodobny jest do drugiego. Święci i Awatarowie odgrywają swe niepowtarzalne role. Śri Rama nie był podobny do Śri Kryszny, Ramana Maharszi nie był podobny do Ramakryszny Paramahansy. Każde wcielenie ma inną przyczynę. Inna będzie też metoda, którą przyjmą.

Dzieci, gdy widzimy ubiór prawnika, przypominamy sobie o naszej sprawie w sądzie. Gdy widzimy listonosza, przypominamy sobie o listach. Podobnie, strój Ammy w czasie *Dewi Bhawy* jest po to, by przypomnieć wam o Najwyższym. Oto przypowieść.

Pewnego razu ważny przywódca zaproszony został na konferencję. Przybył ubrany w zwyczajny strój przeciętnego człowieka. Z powodu tego skromnego ubrania organizatorzy spotkania nie rozpoznali go i nie chcieli wpuścić do środka. Przywódca wrócił wtedy do domu i założył elegancke ubranie. Gdy wrócił na spotkanie, przywitano go z honorami i poczęstowano obfitym posiłkiem. Jednak zamiast zająć się ucztą przywódca zdjął płaszcz, krawat, koszulę oraz buty i umieścił je przed jedzeniem. Zdziwieni tym osobliwym zachowaniem, gospodarze poprosili go o wyjaśnienie. „Kiedy przyszedłem w stroju przeciętnego człowieka - odpowiedział przywódca - zlekceważyliście mnie. Później, kiedy przyszedłem dobrze ubrany, przywitaliście mnie. To, co uznajecie i szanujecie, to ubranie, a nie ja. Niech więc ubranie teraz je!" Świat przywiązuje wielką wagę do zewnętrznego wyglądu. Z tego powodu Amma nosi specjalny strój w czasie *Dewi Bhawa*. Wygląd Ammy w czasie Dewi Bhawa służy uwolnieniu was od waszych wąskich poglądów na Jaźń i przypomina wam o Najwyższym, który jest waszą prawdziwą Istotą".

Miłość

Dzieci, nie traćcie czasu danego wam przez Boga. Szukajcie schronienia w Matce Świata. Tylko Ona może Was kochać bezinteresownie. Mylicie się, myśląc, że inni was kochają; miłość ludzkich istot jest zakorzeniona w egoizmie. Amma opowie Wam historię, żeby zilustrować tę prawdę:

Pewnego ranka ojciec z córką wybrali się w podróż. Podróżowali cały dzień i zobaczyli po drodze wiele pięknych miejsc. Wieczorem dotarli do hotelu, gdzie mogli zatrzymać się na noc. Gdy zobaczył ich właściciel hotelu, przywitał ich, okazując dużo miłości i szacunku. Zaprowadzono ich do dobrze urządzonego pokoju i wielu służących przyniosło im jedzenie. Służący z radością wzięli ich brudne ubrania i zwrócili je dobrze uprane i wyprasowane. Przyniesiono im także gorącą wodę do kąpieli oraz wszystko, czego potrzebowali. Tego wieczoru muzycy śpiewali i grali tylko dla nich.

Następnego ranka, gdy ojciec i córka zbierali się do drogi, córka powiedziała: „Ojcze, jacy uprzejmi są ci ludzie!" Zanim zdążył jej odpowiedzieć, przyszedł służący i podał im rachunek hotelowy. Ojciec powiedział wtedy córce: „Oto rachunek za całą ich miłość. Policzyli sobie za każdą usługę, jaką nam wyświadczyli. Ich miłość jest oparta na egoizmie".

Dzieci, taka jest właśnie miłość tego świata. Wzajemna miłość, jaką ludzie wydają się sobie okazywać, jest oparta na egoizmie. Gdy ktoś działa niezgodnie z naszymi życzeniami, nie kochamy go. Bezinteresowną miłość można otrzymać tylko od Boga, który jest uosobieniem Miłości. Wiedząc o tym, starajcie się poznać Boga. Używajcie właściwie wewnętrznej Istoty".

Złość

P: "Bez względu na to, ile medytuję i praktykuję *dżapę*, nie wydaje mi się, żebym coś zyskiwał. Ammo, dlaczego tak się dzieje?"

A: "Synu, czyż nie zdarza ci się często tracić panowanie nad sobą? Zyski z praktyk duchowych można stracić na wiele sposobów. Możemy stracić każdą zasługę, którą zdobyliśmy, poprzez złość, pożądanie, chciwość, zazdrość czy inne złe emocje. Powinieneś o tym pamiętać. Weźmy taki przykład: przypuśćmy, że idziemy do świątyni, by oddać cześć. Po nabożnym okrążeniu świątyni stajemy przed bóstwem ze złożonymi rękoma. Przypuśćmy, że w tym momencie ktoś przychodzi i staje przed nami, zasłaniając nam widok. Natychmiast wpadamy w złość i cała energia zdobyta przez koncentrację i oddanie zostaje rozproszona. Nawet gdyby pojawił się tam Bóg we własnej osobie, bylibyśmy na niego źli. Jest to nasz nawyk. Jak więc możemy zyskać cokolwiek poprzez medytację i *dżapę*?

Duchowy poszukiwacz nigdy nie powinien ulegać gniewowi. Gdy wpadamy w złość, duża część energii i siły zdobytej przez *sadhanę* zostaje stracona. Duchowy poszukiwacz dotrze do Celu tylko wtedy, gdy działa z wielką *śraddhą*. Wszystko, co słyszymy i widzimy, powinniśmy przemyśleć w samotności. Tylko wtedy można podjąć decyzję. Nigdy nie bądź niewolnikiem okoliczności, lecz staraj się je pokonać".

Jestem Brahmanem

P: "Ammo, pisma święte mówią, że wszystko jest *Brahmanem*. Jeśli jest to prawda, to ja też jestem *Brahmanem*. Po co więc potrzebna jest *sadhana* lub *bhakti*?"

A: "Dzieci, jeśli ktoś nagle zawoła z tyłu wasze imię, czy nie odwrócicie się, żeby odpowiedzieć? Samo to świadczy, że nadal żyjecie na poziomie nazw i form. Dla przeciętnych ludzi, jak my, podziały typu: dziś, jutro, wczoraj, są bardzo rzeczywiste. Cenimy sobie takie pojęcia jak: „ja", „mój", „ty", „twój", „on", „jego". Jesteśmy przywiązani do naszych żon i dzieci, do naszych domów i posiadłości. Mamy upodobania i niechęci. Wszystko to wskazuje na to, że choć naprawdę jesteśmy Najwyższym *Brahmanem*, daleko nam jednak do konkretnego doświadczenia tego faktu. Prawda, że "Jestem *Brahmanem*", musi jeszcze zostać uświadomiona. Nie nastąpiło to jeszcze w pełni w naszym życiu.

Skoro wszystko jest *Brahmanem*, to nawet zwierzęta niezdolne do racjonalnego myślenia są *Brahmanem*. Na naszym obecnym poziomie oświadczenie, że jesteśmy *Brahmanem*, byłoby podobne do stwierdzenia psa lub świni, że są *Brahmanem*. Nie bądźmy tego rodzaju *„Brahmanem"*.

Ryszi z dawnych czasów głosili, że wszystko jest *Brahmanem*, na podstawie własnych doświadczeń. Oświadczenie: „Jestem *Brahmanem*", wypływało z głębi ich własnego urzeczywistnienia. Dzieci, nie powtarzajcie wokół: „Jestem *Brahmanem*", tylko dlatego, że przeczytaliście kilka książek. Jeśli tak zrobicie, będziecie jak stróż, który strzegąc czyjejś własności, głupio powtarza, że przedmiot ten należy do niego.

Zarówno owoc, jak i nasiono drzewa chlebowego mogą twierdzić, że są *Brahmanem*.

Ale owoc jest słodki i będzie smakował wielu ludziom, podczas gdy nasiono trzeba ugotować i doprawić, zanim można będzie je zjeść. Obecnie jesteście tylko nasionami. Potrzebna jest olbrzymia przemiana, zanim staniecie się słodkim owocem. Poprzez praktykę duchową, przestrzegając *jam* i *nijam*, każdy z was może osiągnąć Cel.

Dzieci, *Brahman* nie jest czymś, co można wyrazić słowami. Można go tylko doświadczyć. Istnieje pewna opowieść, która pomoże zilustrować tę prawdę. Jeden z wielkich *ryszich*, który żył w ciągłym doświadczeniu *Brahmana*, wysłał swego syna do Gurukuli na naukę. Po wielu latach studiowania pism świętych chłopiec wrócił do domu pełen próżnej dumy ze swych osiągnięć. Używając pretensjonalnych, filozoficznych słów, zaczął wyjaśniać ojcu, co to jest *Brahman*, powtarzając często: „Ja jestem *Brahmanem*". Obserwując tę zarozumiałą mowę i zachowanie chłopca, ojca ogarnęło głębokie współczucie i rzekł: „Drogi synu, przynieś mi miskę mleka i trochę cukru". Gdy syn spełnił polecenie, *ryszi* poprosił go, żeby rozpuścił cukier w mleku. Gdy chłopiec to uczynił, ojciec powiedział mu, żeby wziął trochę słodkiego mleka ze środka naczynia i posmakował go. Chłopiec spróbował mleka. „Jak smakuje?" - zapytał ojciec. „Jest słodkie" - odpowiedział. „Czy możesz mi powiedzieć, co to jest słodycz?"- zapytał ojciec.

Chłopiec nie mógł znaleźć odpowiednich słów. Ojciec powiedział mu wtedy, żeby wziął trochę mleka z różnych części miski i spróbował go. Chłopiec tak zrobił. „Jak to smakowało za każdym razem?"- zapytał znów ojciec. „To wszystko jest słodkie. Wszędzie jest słodkie". „Jak słodkie to jest?" Jeszcze raz chłopiec nie mógł znaleźć słów, żeby opisać swe doświadczenie. Wtedy *ryszi* powiedział: „Synu, żeby stwierdzić smak mleka, musiałeś go najpierw spróbować, nieprawdaż? Ale nawet po spróbowaniu nie mogłeś opisać swego doświadczenia. Jeśli dzieje się tak ze zwykłą rzeczą, taką jak mleko, to co można powiedzieć o Najwyższej Rzeczywistości, podstawie wszelkiego Istnienia? Synu, bez poznania *Brahmana* nie możesz spodziewać się, że będziesz zdolny wyjaśnić *Brahmana*, który jest wszechogarniający i przekracza wszystkie pojęcia. Po przerwie *ryszi* ciągnął dalej: „Dziecko, *Brahman* nie jest czymś, co można profanować lub o czym można beztrosko rozprawiać. Musimy go poznać i uświadomić sobie poprzez bezpośrednie doświadczenie".

„Dzieci, Bóg - wszechogarniająca Prawda - zarówno posiada atrybuty, jak też ich nie ma. Prawda leży poza wszelkimi słowami. Jest poza wszelkimi rozróżnieniami i poza dwoistością. Należy poznać i doświadczyć Rzeczywistości. Natomiast nie ma sensu mówić górnolotnie: „Jestem *Brahmanem*". Należy włożyć wystarczająco dużo wysiłku, by poznać tę Prawdę poprzez *sadhanę*.

Pewnego razu ulicą przechodził uczony, śpiewając sanskryckie strofy: „*Sarvam Brahmamayam, re re sarvam Brahmamayam*", co znaczy: „Wszystko jest *Brahmanem*, hej, hej! wszystko jest *Brahmanem*". Chcąc go sprawdzić, pewien człowiek podszedł z tyłu i ukłuł go kolcem. Nie mogąc znieść bólu, uczony głośno wrzasnął. Następnie obrócił się i widząc tego człowieka, wpadł we wściekłość. „Ty głupcze! Jak śmiesz tak mnie kłuć! Czy nie wiesz, kim ja jestem? Jestem taki a taki, syn tego i tego, wnuk znanego..." Następnie przyskoczył do tego człowieka i dotkliwie go pobił. Dzieci, *Brahman*, którym obecnie jesteśmy, jest jak ten uczony *Brahman - Brahman*, który wrzeszczy, *Brahman*, który unosi się gniewem, *Brahman*, który chce mścić się na innych.

Ale jest też historia o Mahatmie, który w pełni żył obecnością *Brahmana*. Mahatma szedł drogą, śpiewając tę samą sanskrycką zwrotkę („Wszystko jest *Brahmanem*, hej, hej! wszystko jest *Brahmanem*"). Z tyłu zaszedł go zabijaka i brutalnie zaciął go w ramię wielkim nożem. Lecz Mahatma nie był nawet tego świadomy. Niepomny otoczenia i zatopiony w Szczęściu, szedł dalej, ciągle śpiewając. Wtedy łotr zrozumiał, że zgrzeszył przeciwko Mahatmie. Dręczony wyrzutami sumienia, zaczął prosić Mahatmę o przebaczenie. Ale Mahatma nie był nawet świadomy tego, co się stało. Zapytał: „Błogosławiona Jaźni, czemu prosisz o moje przebaczenie?" Człowiek odrzekł: „Wiedziony bezdenną głupotą, zraniłem cię w ramię". Dopiero wtedy Mahatma zauważył, że jego ramię jest poważnie zacięte. Przejechał ponad raną drugą ręką i naderwane ramię natychmiast na powrót przyrosło, a rana się zagoiła. Mahatma powiedział wtedy do zabijaki: „Drogie dziecko, śpiewałem pieśń: „Wszystko jest *Brahmanem*, hej, hej! wszystko jest *Brahmanem*", ale żeby zaleczyć tę ranę, musiałem nad nią przesunąć ręką. Oznacza to, że nadal żyję w sferze działania".

Dzieci, aż do momentu, w którym naprawdę będziemy żyć doświadczeniem, że jesteśmy *Brahmanem*, nie mamy prawa chodzić i głosić: „Jestem *Brahmanem*". Nie bądźmy jak uczony z pierwszego opowiadania. Bądźmy jak Mahatma.

Dzieci, w dzisiejszych czasach każdy, kto chce wydać 50 rupii, może wejść w posiadanie książki z Brahmasutrami i prawdopodobnie w dwa tygodnie zdoła nauczyć się tych sutr na pamięć. Mimo to nie ma sensu obnosić się z wiedzą intelektualną i powtarzać: „Jestem *Brahmanem*". Należy raczej poprzez *sadhanę* wcielać tę prawdę w życie i stać się wzorem dla społeczeństwa.

Dzieci, jeśli czytacie przez godzinę pisma święte, należy następnie zastanawiać się nad ich naukami przez dziesięć godzin. Jest to właściwa droga, jeśli rzeczywiste znaczenie tych nauk ma w nas zakwitnąć.

Kochane dzieci, *prema* i *bhakti* (najwyższa miłość i oddanie Bogu) zbawią nas prędzej niż cała wiedza z pism świętych. Nasze serca muszą tęsknić za Bogiem. Jeśli sparzyłeś sobie palec, wyobraź sobie, jak bardzo byś pragnął zamoczyć go w zimnej wodzie. Zawsze musimy odczuwać tę samą intensywność w dążeniu do poznania Boga. Nasze zbawienie zależy od czystości naszego oddania."

Słowniczek

Adwaita: Monistyczny system filozoficzny założony przez Siankaraczarię.

Akhanda Satczitananda: Niepodzielne Istnienie-Świadomość-Szczęśliwość.

Asana: Pozycja w ćwiczeniach jogi, pozycja do medytacji.

Atman: Jaźń.

Bhadżan: Śpiewy oddania.

Bhakti: Oddanie, żarliwa nabożność.

Bhaktijoga: Droga jogi poprzez oddanie się Bogu.

Bhawaroga: Choroba narodzin i śmierci.

Bhawana: Nastrój, usposobienie.

Bhaja Bhakti: Oddanie połączone z lękiem, zachwytem i szacunkiem.

Bidżakszary: Litery-nasiona mantr, na przykład: *Hrim, Klim, Aim. Brahma*: Bóg Stwórca.

Brahman: Absolut.

Brahmaczarja: Trening w dyscyplinie i samoo-
panowaniu, celibat.

Brahmasutry: Aforyzmy wyjaśniające filozofię
wedanty. Zostały ułożone przez mędrca
Badarajanę.

Darsian: Ukazanie się lub spotkanie ze świętym
lub z Bogiem.

Dewata: Pomniejsze bóstwo.

Dewi: Boska Matka, Bogini.

Dhjana: Medytacja.

Diksza: Inicjacja.

Dżanma: Narodziny lub czas życia.

Dżapa: Powtarzanie mantry lub Boskiego
Imienia.

Dżiwa: Dusza jednostkowa.

Dżiwanmukta: Wyzwolony za życia.

Dżiwanmukti: Wyzwolenie duszy za życia w
ciele fizycznym.

Dżiwatma: Jaźń jednostkowa.

Dżnianajoga: Joga Poznania.

Guna: Cecha, właściwość (zobacz: *tamas, radżas, sattwa*).

Guru: Mistrz duchowy.

Gurukula: Szkoła prowadzona przez jednego nauczyciela.

Homa, jadżna: Rytuały wedyjskie odprawiane za pośrednictwem ognia.

Iszta Dewata: Ukochane lub wybrane bóstwo.

Iśwara: Bóg, Pan.

Kalijuga: Obecny ciemny wiek materializmu.

Karma: Działanie.

Karmajoga: Joga osiągana poprzez działanie bez oczekiwania rezultatów.

Kumbhaka: Wstrzymanie oddechu w czasie *pranajamy*.

Lakszjabodha: Świadomość Celu, dążenie do poznania Boga.

Mahatma: Dosłownie: Wielki Duch, a także Istota Oświecona.

Maheśwara: Wielki Pan, Śiwa.

Mala: Różaniec, naszyjnik złożony ze 108 koralików, używany do *dżapy*.

Mantra: Święta formuła mistyczna lub zestaw wyrazów, które gdy powtarzane, przydają siły duchowej i czystości.

Mantradryszta: Mędrcy, którzy otrzymali mantry.

Maja: Złudzenie istnienia świata.

Mithja: Ciągle zmienne, nietrwałe.

Nirwikalpa samadhi: Stan jedności z Absolutem.

Nitja: Wieczny.

Odżas: Wysublimowana siła witalna.

Paramatma: Najwyższa Jaźń.

Pitrykarma: Ceremonie religijne dla zmarłych.

Prana: Siła witalna, bioenergia.

Pranajama: Ćwiczenia oddechowe służące do kontroli prany.

Radżas: Guna aktywności.

Ryszi: Starożytny wieszcz oraz prawdziwy mistrz duchowy.

Sadhaka: Duchowy poszukiwacz.

Sadhana: Praktyki duchowe.

Sahadża samadhi: Naturalne przebywanie w Jaźni.

Sahasranama: 1000 imion Boga.

Samadhi: Stan transu jogi; wyższy stan świadomości.

Samsara: Cykl narodzin, śmierci i odrodzenia.

Sanskara: Ukryta tendencja umysłu.

Sanatana dharma: Wieczna religia wedyjska.

Sankalpa: Postanowienie.

Sannjasin: Wyrzekający się.

Satczitananda: Czyste Istnienie - Świadomość - Szczęśliwość.

Satsang: Dotrzymywanie towarzystwa świętym.

Sattwa: Guna czystości i jasności.

Sawasana: Pozycja jogiczna „martwe ciało".

Sawikalpa samadhi: Postrzeganie Rzeczywistości przy zachowaniu poczucia zróżnicowania.

Siakti: Podstawowa Moc Wszechświata koja-
rzona z żeńskim aspektem Boga.

Siddha auszadha: Lekarstwo doskonałe.

Saundarja Lahari: Wyjątkowe dzieło oddania
napisane w sanskrycie przez Śri Siankaraczarię, sławiące Boską Matkę.

Śraddha: Wiara i uwaga, staranność.

Śrimad Bhagawatam: Święte pismo przedsta-
wiające życie, czyny i nauki Kryszny.

Tamas: Guna bezwładu i ociężałości.

Tapas: Umartwienia, asceza.

Upadesia: Porada lub nauka.

Wasana: Przyrodzone tendencje umysłu
zgromadzone w czasie tego i poprzednich
wcieleń - na przykład pożądanie, złość,
chciwość, zazdrość itd.

Wisznu: Bóg podtrzymujący świat.

www.ingramcontent.com/pod-product-compliance
Lightning Source LLC
LaVergne TN
LVHW051730080426
835511LV00018B/2969